Mein natürliches & nachhaltiges Zuhause

Mein natürliches & nachhaltiges Zuhause

Frei von Gift- und Schadstoffen
Raum für Raum

Lisa Butterworth
mit Fotos von Julia Stotz

DK

INHALT

EINLEITUNG

Wir leben in einer Welt, in der alles möglichst schnell und einfach gehen soll, in einer kapitalistisch orientierten Gesellschaft, in der multinationale Konzerne große Macht haben. Das beeinflusst unseren Alltag auf vielfältige Weise, und es betrifft auch unsere direkte Lebensumgebung, unser Zuhause. Hier verbringen wir täglich viele Stunden: Wir bereiten Mahlzeiten zu, schlafen, laden Freunde ein und ziehen die Kinder groß. Zuhause ist der Ort, an dem wir uns wohl und sicher fühlen wollen, und an dem alle unsere Bedürfnisse befriedigt werden. Soweit die Theorie. In der Praxis sieht es ganz anders aus. In unseren eigenen vier Wänden sind wir zahlreichen gesundheitsschädlichen Stoffen ausgesetzt, oft ohne es zu wissen. Sie stecken in den Flaschen und Dosen im Putzmittelschrank, in unseren Kleidungsstücken und in Kosmetikprodukten. Und das ist noch nicht alles. Die Herstellung der Produkte und die Entsorgung von Resten haben negativen Einfluss auf die Umwelt. So entsteht ein Schadstoffkreislauf, dem wir scheinbar wenig entgegensetzen können.

Wenn man sich einmal bewusst macht, wie vielen schädlichen oder verdächtigen Stoffen wir tagtäglich ausgesetzt sind, hauptsächlich durch Produkte des täglichen Gebrauchs, dann möchte man meinen, dass sämtliche Alltagsgegenstände gefährlich sind – die Utensilien, mit denen wir kochen; die Matratzen, auf denen wir schlafen, und von digitalen Geräten ganz zu schweigen. Dieses Buch soll aber keine Panik machen. Wer nicht in der sprichwörtlichen Blase lebt (nicht aus Plastik, sonst wäre sie gesundheitsschädlich), kann sich der Schadstoffbelastung nicht vollständig entziehen. Eine vollkommen saubere Umwelt gibt es nicht mehr – wenn es sie überhaupt jemals gegeben hat. Das Leben ist wunderbar, Schmutz und Chaos gehören aber auch dazu. Wenn wir uns immerzu Sorgen über Dinge machen, die unvermeidlich, aber schädlich sein könnten, dann hindert uns das daran, das Leben zu genießen. Viel sinnvoller ist es doch, beim Einkauf bewusste und durchdachte Entscheidungen zu fällen und uns einige clevere Strategien zu überlegen, um uns und der Umwelt möglichst wenig Schaden zuzufügen. Dabei möchte dieses Buch Ihnen helfen.

WAS SIND TOXISCHE SUBSTANZEN?

Das Wort »Toxin« bezeichnet ein Gift, das von einem lebenden Organismus produziert wird, beispielsweise das Gift einer Schlange oder eines Pilzes. Eine toxische Substanz dagegen ist ein Giftstoff, der auch künstlich, also von Menschen, hergestellt sein kann, und schädlich für Umwelt und Gesundheit ist. Umgangssprachlich wird der Begriff »Toxin« auch für synthetische Stoffe verwendet, die der Gesundheit schaden können. Im wissenschaftlichen Sinn sollte man jedoch zwischen natürlich vorkommenden Giften und synthetischen Giftstoffen unterscheiden.

WARUM SIND SIE ÜBERALL?

Ein Hauptproblem toxischer Substanzen besteht darin, dass sie nahezu allgegenwärtig sind: In Putzmitteln, in den Fasern unserer Kleidung und Bettwäsche, im Leim unserer Möbel, in Körperpflegeprodukten und Make-up. Für die Verwendung dieser Stoffe in den Produkten gibt es verschiedene, durchaus berechtigte Gründe. Manche toxischen Substanzen werden in Shampoos und Gesichtsreinigungsprodukten als Emulgator eingesetzt. Andere dienen dazu, Möbel- oder Vorhangstoffe schwer entflammbar zu machen. Wieder andere werden auf Pflanzen, die zur Herstellung von Textilien dienen, etwa Baumwolle, zur Schädlingsbekämpfung eingesetzt. Und einige werden nur zugefügt, um einem Produkt einen »angenehmen« Duft zu verleihen.

An all das sind wir gewöhnt. Trotzdem lohnt es sich, einmal darüber nachzudenken, ob diese »Vorzüge« wirklich so unverzichtbar sind. Zugegeben, vielleicht müssten Sie Ihr Gesichtsreinigungsprodukt vor Gebrauch schütteln oder die Liste Ihrer bevorzugten Kleidungshersteller etwas reduzieren. Wer Wert auf eine Qualität legt, die weder der eigenen Gesundheit noch der Umwelt schadet, muss meistens irgendwelche Zugeständnisse machen. Aber wenn man weiß, wie viele toxische Substanzen man mit dem »angenehmen« Duft vieler kommerzieller Produkte einatmet, dann findet man diesen Duft vielleicht gar nicht mehr so verlockend.

TOXISCHE SUBSTANZEN UND DER MENSCH

»Die Dosis macht das Gift.« Dieser Ausspruch wird dem Schweizer Arzt und Alchemisten Paracelsus zugeschrieben, der im 16. Jahrhundert lebte. Er wollte damit sagen, dass die allermeisten Stoffe keine Gefahr für die Gesundheit darstellen, sofern wir sie nur in sehr geringer Dosierung aufnehmen. Der menschliche Körper ist durchaus in der Lage, verschiedene toxische Substanzen abzubauen, wenn die dauerhafte Belastung gering ist.

Allerdings nimmt die Anzahl der Giftstoffe, denen wir ausgesetzt sind, stetig zu. Die schädliche Wirkung von Stoffen wie Blei oder Quecksilber, die früher gang und gäbe waren, ist inzwischen bekannt, und ihr Einsatz wird streng kontrolliert. Dafür tauchen immer wieder neue Stoffe auf, deren Wirkung noch nicht genau bekannt und erforscht ist. Allein dadurch, dass wir auf der Erde leben, sind wir täglich einer unüberschaubaren Anzahl von Schadstoffen ausgesetzt. Warum sollten wir uns ihnen auch in unserer Wohnung aussetzen, wenn es sich vermeiden lässt?

Toxische Stoffe können unterschiedlich wirken. Manche reizen die Atemwege, andere beeinträchtigen das Nervensystem. Die Belastung kann akut sein (einmalige hohe Konzentration), aber auch chronisch (geringe Konzentration über einen längeren Zeitraum). Manche Stoffe sind bei Kurzzeitbelastung gefährlich, aber nicht bei Langzeitbelastung – oder umgekehrt. Diese Gruppen sollten Sie kennen und meiden.

REIZENDE STOFFE

Sie stehen am unteren Ende des Spektrums gesundheitsschädlicher Auswirkungen. Meist handelt es sich um chemische Substanzen, die Reizungen der Haut, der Atemwege oder der Augen hervorrufen oder verstärken. Auch bei Asthma können sie eine verschlimmernde Wirkung haben.

HORMONAKTIVE SUBSTANZEN

Diese Stoffe nennt man auch endokrine Disruptoren. Sie verursachen Störungen des Hormonhaushalts, entweder weil sie natürlichen Hormonen ähneln oder weil sie die normale Hormonproduktion beeinträchtigen oder stören. Fruchtbarkeitsprobleme und Tumoren können die Folge sein.

KREBSERREGENDE STOFFE

In diese Gruppe fallen Stoffe, die Krebs erregen können. Nicht alle Personen, die ihnen ausgesetzt sind, erkranken zwangsläufig an Krebs, denn an einer Krebserkrankung sind meist mehrere Faktoren beteiligt. Dennoch sollte man diese als riskant eingestuften Stoffe möglichst meiden.

NEUROTOXINE

Neurotoxine sind gefährlich, weil sie auf das Nervensystem und folglich auf das Gehirn wirken. Das Gehirn steuert aber alle unsere Körperfunktionen, von der Temperatur bis zu unseren geistigen Fähigkeiten. Außerdem können diese Stoffe Übelkeit und Erbrechen verursachen.

TOXISCHE SUBSTANZEN UND DIE UMWELT

Toxische Substanzen stellen nicht nur für die Gesundheit von Mensch und Tier eine Gefahr dar, sondern auch für die Umwelt. Allein zur Herstellung der Produkte, die wir täglich benutzen, werden viele Tonnen schädlicher Stoffe verwendet. Auch die Entsorgung von Produktresten und Verpackungsmaterialien ist ein ernsthaftes, internationales Umweltproblem.

DER WACHSENDE PLASTIKBERG

Plastik, genauer: Kunststoff, wurde 1907 erfunden, hat sich aber erst in den 1960er-Jahren zu einem Alltagsprodukt entwickelt. Inzwischen ist es allgegenwärtig. Ob Einkaufstüten, Getränkeflaschen oder Kunstfasern in der Kleidung: Unser Verbrauch an Erdölprodukten ist explosionsartig gestiegen, und vor den negativen Folgen können wir die Augen nicht mehr verschließen. Plastikverpackungen können toxische Substanzen an ihren Inhalt – auch Lebensmittel – abgeben. Verpackungsmaterial verrottet nicht. Landen Plastikverpackungen auf Deponien, geben sie ihre Schadstoffe an den Boden ab und gelangen ins Grundwasser. Viel Plastik gelangt auf unterschiedlichen Wegen in die Meere. Schätzungen zufolge schwimmen darin schon jetzt rund 270 000 Tonnen Kunststoff. Das Weltwirtschaftsforum hat 2014 eine Studie in Auftrag gegeben, deren Ergebnisse in der wissenschaftlichen Zeitschrift *PLOS ONE* veröffentlicht wurden: Bis zum Jahr 2050 wird es in den Weltmeeren wohl mehr Plastik als Fische geben.

DAS MODEPROBLEM

Die Textilindustrie verbraucht große Mengen nicht recycelbarer Rohstoffe. Seit die Mode immer schnelllebiger wird, landen immer mehr kaum oder sogar ungetragene Kleidungsstücke auf dem Müll. Hinzu kommt, dass viele mit gesundheitsschädlichen Chemikalien behandelt, bedruckt oder gefärbt werden. In einem Bericht, der 2012 in der wissenschaftlichen Zeitschrift *Natural Science* veröffentlicht wurde, heißt es, dass diese Chemikalien etwa 20 % der durch die Industrie verursachten Wasserverschmutzung ausmachen. Die Weltnaturschutzunion (IUCN) mit Sitz in der Schweiz schätzt, dass allein durch das Waschen von Textilien jedes Jahr 550 000 Tonnen Mikroplastik in die Meere gelangen.

BEDENKLICHE HAUSHALTSCHEMIKALIEN

Wenn synthetische Duftstoffe und andere Chemikalien aus Reinigungsmitteln verdunsten, gelangen flüchtige organische Verbindungen *(VOCs)* in unsere Atemluft. Ein Großteil der chemischen Inhaltsstoffe landet in der Kanalisation und letztendlich – wenn auch grob geklärt – in Flüsse und Seen. Chemikalien aus Materialien mit einer Brandschutzimprägnierung finden sich im Hausstaub, der sich auf Kleidung, Wohntextilien und Handtüchern sammelt und schließlich durch die Wäsche ins Abwasser gerät. So belasten diese Stoffe jahrelang die Umwelt, verschmutzen das Grundwasser und bedrohen das Leben in den Meeren.

TOXISCHE SUBSTANZEN IM HAUSHALT

Die Liste der gesundheitsgefährdenden Stoffe umfasst Hunderte, wenn nicht Tausende Substanzen, von denen die meisten unaussprechliche Namen haben. Hier werden die wichtigsten Schadstoffgruppen und ihre Risiken vorgestellt.

BPA

BPA (oder Bisphenol A) findet sich in zahlreichen Lebensmittel- und Getränkeverpackungen, in der Innenwandbeschichtung von Konservendosen und in Kunststoffboxen. Das ist problematisch, denn BPA kann in die Lebensmittel und Getränke gelangen. Es ist eine hormonaktive Substanz, gilt als karzinogen, kann die Fortpflanzungsfähigkeit beeinträchtigen und Herz-Kreislauf-Erkrankungen begünstigen.

PHTHALATE

Phthalate werden auch als Weichmacher bezeichnet, denn sie werden eingesetzt, um Kunststoffe flexibler zu machen. Sie können in Bodenbelägen und Regenbekleidung enthalten sein, werden aber auch Nagellack beigemischt, damit er nicht so leicht absplittert. In der Parfümherstellung dienen sie als Fixierer. Einige Phthalate gelten als karzinogen (krebserregend) und neurotoxisch (Nervengift). Studien zufolge können sie auch Fruchtbarkeitsprobleme verursachen und werden bei Kindern mit Verhaltensauffälligkeiten in Zusammenhang gebracht.

FORMALDEHYD

Formaldehyd ist ein geruchloses Gas, das fast überall zu finden ist: in Holzwerkstoffplatten, Reinigungsprodukten für das Gesicht oder knitterfreien Textilien. Wegen seiner konservierenden Wirkung wird es vielfach eingesetzt. Formaldehyd ist karzinogen, taucht aber nicht immer auf der Liste der Inhaltsstoffe auf. Das liegt daran, dass manche Stoffe erst Formaldehyd abgeben, wenn sie mit anderen Substanzen in Berührung kommen.

DIOXINE

Diese Stoffe gelten als karzinogen und wirken hormonaktiv. Normalerweise nehmen wir sie mit Lebensmitteln auf, die (oder deren Zutaten) mit Herbiziden oder Pestiziden behandelt wurden. In Waschmitteln und Trocknertüchern kommen Dioxine als Lösemittel und Stabilisatoren zum Einsatz. Auch in gebleichten Produkten (z. B. Filtertüten oder Küchenpapier) können sie enthalten sein.

FLAMMSCHUTZMITTEL

Möbel, Teppiche, Matratzen, Vorhänge und andere Textilien sowie elektronische Geräte können mit Chemikalien behandelt sein, damit sie schwer(er) entflammbar sind. Diese Stoffe gelangen bereits während der Produktion in die Umgebungsluft, aber auch später in unsere Wohnräume. Einige Brandschutzimprägnierungen sind inzwischen verboten, weil sie krebserregende und hormonaktive Stoffe enthalten, andere werden aber noch eingesetzt. Welche Auswirkungen sie langfristig auf die Gesundheit haben, ist noch nicht genau bekannt.

SCHWERMETALLE

Schwermetalle wie Blei, Quecksilber, Cadmium oder Arsen sind chemische Elemente, die in der Natur vorkommen. Im menschlichen Körper können sie Nieren und Nerven schädigen und verschiedene Krebsarten verursachen. Man findet sie im Trinkwasser (wenn auch in sehr geringer Konzentration), in Pflege- und Kosmetikprodukten (Lippenstift, Eye-Liner, Nagellack, Zahncreme) und in Pestiziden.

VOCs

Diese Abkürzung steht für *volatile organic compounds* (flüchtige organische Verbindungen). Sie werden von verschiedenen Materialien abgegeben und sorgen für den »Wie-neu-Geruch«. Auch in manchen Putzmitteln, Raumsprays, Klebstoffen und Farben sind sie enthalten. Nicht alle VOCs sind gefährlich, aber einige können vorübergehende Beschwerden (Kopfschmerzen, Augen-, Hals- und Nasenschleimhautreizungen) verursachen. Langzeitfolgen können Krebs und Schädigung des Nervensystems sein.

QUARTÄRE AMMONIUMVERBINDUNGEN

Diese Salze werden auch als Quats bezeichnet. Es handelt sich um stark wirkende Chemikalien, die Bakterien und Algen abtöten und darum in desinfizierenden Produkten eingesetzt werden. Ihre Reizwirkung ist hoch und betrifft vor allem Augen und Atemwege. In Tierversuchen wurde festgestellt, dass sie auch die Fruchtbarkeit beeinträchtigen können.

AMMONIAK

Wegen seiner schmutz- und fettlösenden Eigenschaften ist Ammoniak in manchen Putzmitteln enthalten. Schon kleine Mengen können Brennen der Augen und Reizungen von Nasenschleimhaut und Hals verursachen. Bei höherer Belastung kann es zu Lungenschäden und zur Erblindung kommen. Ammoniak ist auch für Wassertiere und -pflanzen hochgiftig.

UNGIFTIGE ALTERNATIVEN

ESSIG

Dieser vielseitige Reinigungshelfer besitzt natürliche antibakterielle Eigenschaften und ist ein guter Fettlöser. Wegen des Säuregehalts eignet Essig sich nicht für Oberflächen aus Granit, Marmor oder Speckstein. Für Holz kann Essig, sofern er korrekt verdünnt ist, verwendet werden.

NATRON

Natron besitzt geruchsbindende Eigenschaften. Es kann als mildes, unschädliches Scheuermittel eingesetzt werden, um Fett und Verschmutzungen zu beseitigen. In der Küche wird Natron auch als Triebmittel für Backwaren verwendet.

OLIVENÖL

In fast jeder Küche steht Olivenöl im Vorratsschrank. Das ist praktisch, denn man kann es auch sehr gut benutzen, um Holz zu reinigen, zu polieren oder zu versiegeln.

FLÜSSIGE OLIVENÖLSEIFE

Diese Seife stammt ursprünglich aus Südeuropa und wird traditionell aus Olivenöl, Wasser und Lauge (meist Kalilauge) hergestellt. Im Handel findet man sie auch als Marseiller Seife oder Kastilische Seife. Sie besitzt gute Reinigungseigenschaften und ist biologisch abbaubar. Wichtig ist aber, ein Produkt ohne synthetische Zusatzstoffe zu verwenden.

WASCHSODA

Bei diesem Pulver handelt es sich um Natriumkarbonat, das häufig aus pflanzlicher Asche gewonnen wird. Weil es alkalisch wirkt, verwendet man es als Fleckentferner für Wäsche, aber auch zum Reinigen von fettigem Geschirr. Waschsoda ist ungiftig, aber ätzend, kann also durchaus Hautreizungen verursachen und sollte nur sparsam verwendet werden. Im Gegensatz zu Natron (Natriumhydrogenkarbonat) darf Soda nicht verzehrt werden.

ZITRONENSAFT

Es hat gute Gründe, dass viele Putzmittel nach Zitrone duften. Neben dem angenehmen Duft besitzt Zitronensaft eine mild desinfizierende Wirkung und gute Reinigungseigenschaften. Man kann ihn benutzen, um verkalkte Oberflächen zum Glänzen zu bringen oder Flecken in Textilien zu behandeln.

MAISSTÄRKE

Das mehlfeine Pulver aus Mais eignet sich gut zur Behandlung von Flecken, aber auch zum Polieren. Außerdem besitzt es geruchsbindende Eigenschaften

ZITRONENSAFT
FLÜSSIGE
OLIVENÖLSEIFE
ESSIGESSENZ
APFELESSIG
WASCHSODA
OLIVENÖL
MAISSTÄRKE
NATRON

SCHÖNHEIT OHNE SCHADSTOFFE

Auch für die tägliche Körperpflege gibt es natürliche Produkte, die Ihrer Gesundheit nicht schaden. Die meisten kann man überall kaufen, und einige haben Sie vielleicht sogar schon in der Küche.

KOKOSÖL

Kokosöl versorgt die Haut mit Feuchtigkeit – nur für Gesichtshaut, die zu Akne neigt, ist es etwas zu reichhaltig. Das Öl besitzt antibakterielle Eigenschaften und eignet sich gut als Basis für selbst gemachte Zahncreme. Wählen Sie ein natives, kalt gepresstes Öl in Bioqualität.

NATRON

Nicht nur als ungiftiges Putzmittel ist Natron unentbehrlich. Es kann auch für Körperpflegeprodukte wie Zahncreme, Mundspülung oder Deodorant verwendet werden, weil es Säuren neutralisiert und Gerüche bindet. Außerdem besitzt es flecklösende Eigenschaften.

SHEABUTTER

Dieses Fett wird aus den Nüssen des Karitébaums gewonnen. Sheabutter spendet Feuchtigkeit und schützt die Haut, denn sie besitzt von Natur aus einen Lichtschutzfaktor von ungefähr 4.

KAKAOBUTTER

Wie Kokosöl ist auch Kakaobutter reich an gesättigten Fetten, sie hat aber einen höheren Schmelzpunkt (Kokosöl wird schon bei Zimmertemperatur weich). Kakaobutter spendet Feuchtigkeit, nährt und schützt die Haut und eignet sich als Zutat für Lotionen, Cremes und Lippenbalsam.

BRAUNER ZUCKER

Die relativ großen Kristalle sind wasserlöslich und eignen sich hervorragend als Körperpeeling. Mischt man sie mit einem guten Pflanzenöl und ätherischen Ölen, wird die Haut nicht nur von losen Schüppchen befreit, sondern auch gleichzeitig mit Feuchtigkeit versorgt.

FLÜSSIGE OLIVENÖLSEIFE

Die vielseitige Seife eignet sich nicht nur zum Putzen, sondern auch als Grundlage für kosmetische Reinigungsprodukte für Gesicht und Körper oder für Shampoo. Weil sie die Haut austrocknen kann, sollte man sie mit einem feuchtigkeitsspendenden Öl mischen.

JOJOBAÖL

Dieses Öl ähnelt dem natürlichen Hautfett. Wegen seiner nährenden Inhaltsstoffe eignet es sich für Wasch- und Pflegeprodukte für das Gesicht.

NATRON
JOJOBAÖL
KAKAO-
BUTTER
FLÜSSIGE
OLIVENÖL-
SEIFE
BRAUNER
ZUCKER
SHEA-
BUTTER
KOKOSÖL

ÄTHERISCHE ÖLE

Zu den unangenehmen Eigenschaften von Putzmitteln gehört ihr teils aufdringlicher Geruch, für den meist synthetische Duftstoffe verantwortlich sind. Selbst Produkte mit der Packungsaufschrift »unparfümiert« können solche Stoffe enthalten. Zum Glück gibt es Alternativen zu den synthetischen Düften: ätherische Öle. Sie riechen nicht nur angenehm, sondern besitzen noch andere positive Eigenschaften. Darum eignen sie sich hervorragend als Zutat für Reinigungs- und Pflegeprodukte.

WAS IST EIN ÄTHERISCHES ÖL?

Ätherische Öle sind hochkonzentrierte Extrakte aus Pflanzen oder deren Bestandteilen. Sie duften angenehm, zum Beispiel nach Zitrus, holzig, blumig oder würzig. In der Aromatherapie werden sie eingesetzt, weil diese Düfte beleben, beruhigen oder in anderer Weise die Stimmung beeinflussen. Viele ätherische Öle wirken außerdem antiseptisch oder antibakteriell. Sie bekämpfen Krankheitserreger und reinigen die Luft. Wegen ihrer desinfizierenden Wirkung und des angenehmen Dufts werden sie gern als Zutat für Waschmittel verwendet. Für Kosmetika eignen sie sich, weil sie die Haut beruhigen oder desinfizieren. Jedes ätherische Öl hat seine typischen Eigenschaften und wird darum für bestimmte Anwendungen empfohlen. Sie können aber auch einfach ein Öl wählen, dessen Duft Sie besonders gern mögen. Vorschläge finden Sie auf den folgenden Seiten und in vielen Rezepturen in diesem Buch. Wenn Sie sich mit den verschiedenen ätherischen Ölen und ihren Eigenschaften vertraut gemacht haben, können Sie auch eigene Mischungen zusammenstellen.

Sicherheit: Ätherische Öle sind zwar Naturprodukte, aber hochkonzentriert und deshalb mit Bedacht anzuwenden. Vorsicht ist immer angeraten, vor allem aber für Schwangere, ältere Menschen und Kinder. Wer empfindliche Haut hat, sollte selbst gemachte Pflegeprodukte mit ätherischen Ölen zuerst auf ihre Verträglichkeit hin testen.

Qualität: Für ätherische Öle gibt es keine einheitlichen Qualitätsvorschriften. Kaufen Sie am besten bei einem Händler, der hochwertige Öle ohne Zusatzstoffe oder Pestizidrückstände anbietet, etwa im Bioladen oder in der Apotheke.

ÄTHERISCHE ÖLE FÜR DEN HAUSHALT

ZITRONE

Wegen seiner antimikrobiellen Eigenschaften eignet sich Zitronenöl für alles, was gesäubert werden muss, von der Küchenarbeitsplatte bis zum Spielzeug.

GRAPEFRUIT

Viele ätherische Öle eignen sich für natürliche Putzmittel. Grapefruitöl wird wegen seines erfrischenden Dufts besonders geschätzt.

MANDARINE

Mandarinenöl duftet fruchtig und hebt die Stimmung – was gerade beim Putzen nicht schaden kann. Fett und Schmutz löst es außerdem.

EUKALYPTUS

Dieses Öl ist wegen seiner antiseptischen Eigenschaften sehr nützlich.

PFEFFERMINZE

Das ätherische Öl duftet frisch und wirkt antibakteriell.

ROSMARIN

Rosmarinöl verstärkt die antibakterielle Wirkung zahlreicher Reinigungsprodukte.

OREGANO

Dieses ätherische Öl wirkt antibakteriell und bekämpft auch Viren.

KIEFER

Der frische, harzige Waldgeruch dieses Öls wird von vielen mit Sauberkeit assoziiert. Ätherisches Kiefernöl bekämpft zudem Bakterien und Viren.

FICHTE

Dieses antiseptische Öl reinigt gut und ist ein guter Lufterfrischer.

ZIMT

Ätherisches Zimtöl verleiht Reinigungsmitteln einen warm-würzigen Duft.

ÄTHERISCHE ÖLE IN DER KOSMETIK

KARDAMOM

Das Öl mit dem mild-würzigen Duft eignet sich gut zur Mundpflege.

PFEFFERMINZE

Das Öl erfrischt den Atem mit Mentholgeruch und wirkt antimikrobiell. Es wird traditionell zur Mund- und Zahnpflege eingesetzt.

YLANG-YLANG

Die beruhigende Wirkung dieses blumig duftenden Öls hat sich vor allem bei Haut, die zu Unreinheiten neigt, bewährt.

IMMORTELLE

Immortellenöl hat einen blumig-warmen Duft. Es beruhigt die Haut und hilft, Narbenbildung vorzubeugen.

ROSE

Ätherisches Rosenöl entspannt und lässt die Haut strahlen.

ROSENGERANIE

Der angenehme Duft von *Pelargonium graveolens* erinnert an Rosen. Es lässt die Haut strahlen und gibt den Haaren Glanz.

PALMAROSA

Dieses ätherische Öl versorgt trockene Haut und Haare mit Feuchtigkeit.

TEEBAUM

Teebaumöl besitzt antiseptische und entzündungshemmende Eigenschaften. Zur Behandlung von Hautunreinheiten und Entzündungen im Mundraum.

ORANGE

Orangenöl wirkt entgiftend und hellt die Stimmung auf. Es eignet sich gut für Körperlotionen und Zuckerpeelings.

KAROTTE

Karottensamenöl beruhigt die Haut und kräftigt die Haare.

LANGLEBIGE BEHÄLTER

Wer Putzmittel und Körperpflegeprodukte selbst herstellt, braucht Behältnisse, um sie aufzubewahren. Am besten verwenden Sie Schraubdeckelgläser oder andere luftdicht schließende Gefäße, die Sie bereits im Haus haben. Wenn Sie etwas Neues kaufen müssen, orientieren Sie sich an der Liste auf dieser Seite. Denken Sie daran, alle Behälter mit Etiketten zu versehen und detailliert mit Datum und Inhaltsstoffen zu beschriften, damit Sie auch nach einer Weile noch wissen, was drin steckt.

GLASFLASCHE MIT SPRÜHKOPF

Sprühflaschen sind ausgesprochen praktisch, um Reinigungsprodukte gleichmäßig auf größere Flächen aufzutragen, zum Beispiel auf Arbeitsflächen oder Fenster.

ZERSTÄUBER AUS GLAS

Ein kleiner Pumpzerstäuber eignet sich gut für (farblose!) Raumsprays, die Sie auch auf Vorhänge und Kissen sprühen können, oder für Produkte zur Reinigung kleinerer Bereiche wie Armaturen.

METALLDOSEN

In Dosen aus Metall können Körperpflegeprodukte wie Body Butter oder Peelings aufbewahrt werden. Kleine Dosen sind nützlich fürs Reisegepäck oder für Lippenbalsam.

KLEINE GLÄSER

In kleinen Gläsern mit fest schließendem Deckel sind Pflegeprodukte wie Zahncreme oder Deodorant gut aufgehoben.

GLÄSER MIT WEITER ÖFFNUNG

Schraubgläser mit weiter Öffnung empfehlen sich für Produkte, die Sie mit den Fingern entnehmen, beispielsweise Peelings oder Body Butter. Auch für Produkte wie Scheuerpulver oder Holzpflegemittel, die mit einem Lappen aufgetragen werden, sollte das Glas eine weite Öffnung haben.

GROSSE EINMACHGLÄSER

Ob Weichspüler oder Desinfektionstücher: Vorräte von Produkten, die häufig benötigt werden, füllen Sie am besten in ausreichend große Behälter.

GLASBEHÄLTER MIT PUMPSPENDER

Pumpspender sind praktisch für Gesichtswaschgel, Massageöl, Geschirrspülmittel, flüssige Handseife und viele andere Produkte.

WARUM PFLANZEN SO WICHTIG SIND

Pflanzen sind ausgesprochen wichtig, weil sie die Luft reinigen. Sie wandeln schädliches Kohlendioxid (CO_2) in Sauerstoff und neutralisieren verschiedene Giftstoffe in unserer Atemluft. Außerdem wirkt sich eine grüne Umgebung auf das allgemeine Wohlbefinden aus. Das ist nicht nur ein subjektiver Eindruck, denn es ist erwiesen, dass Pflanzen das Nervensystem beruhigen. Das sollten wir uns auch in der Wohnung unbedingt zunutze machen, denn in Wohnräumen ist die Schadstoffbelastung oft doppelt so hoch wie im Freien.

SAUBERE LUFT

Schon vor etwa 30 Jahren hat die NASA eine Studie durchführen lassen, um herauszufinden, wie man die Luft in Raumstationen sauber halten kann. Die Ergebnisse, die 1989 veröffentlicht wurden, sorgten für Aufsehen: Zimmerpflanzen sind in der Lage, Giftstoffe wie Formaldehyd, Ammoniak und Benzol zu neutralisieren. Alle Pflanzen wirken sich positiv auf die Raumluft aus, aber einige besitzen eine besonders gute Reinigungswirkung. Neuere Studien haben gezeigt, dass sogar Mikroorganismen in der Blumenerde nützlich sind: Sie können flüchtige organische Verbindungen aus der Luft abbauen.

WEITERE VORTEILE

Wissenschaftler sind sich darüber einig, dass Pflanzen die Luftqualität in Wohnräumen verbessern und darüber hinaus noch weitere Vorteile haben. Einer davon bezieht sich auf die Ästhetik. Pflanzen sind dekorativ und lassen Räume lebendig und einladend wirken. Indem wir sie mit den Sinnen wahrnehmen, verstärken wir unseren Bezug zur Natur und machen uns bewusst, wie schön unser Planet ist. Pflanzen beruhigen nicht nur das Nervensystem, sie steigern auch die Produktivität und heben die Stimmung. Man bekommt sie überall, sie kosten nicht viel, und mit dem richtigen Zubehör ist auch die Pflege unkompliziert. Dazu mehr auf den folgenden Seiten. Es macht zufrieden, wenn Pflanzen durch gute Pflege schön gedeihen. Das sind viele gute Gründe, sich einige Zimmerpflanzen anzuschaffen. Wenn Sie nicht sicher sind, welche Sie wählen sollen, finden Sie am Ende jedes Kapitels Empfehlungen für Pflanzen, die sich für den jeweiligen Raum besonders gut eignen, außerdem Tipps zu ihrer Pflege. Damit steht dem Motto »grüner wohnen« nichts mehr im Weg.

AUSSTATTUNG FÜR DEN ZIMMERGARTEN

PFLANZSUBSTRAT

Nur in guter Blumenerde wachsen die Pflanzen kräftig und gesund. Kaufen Sie ein hochwertiges Substrat speziell für Zimmerpflanzen.

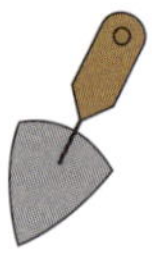

BLUMENKELLE

Eine kleine Kelle ist praktisch, um Blumenerde aus dem Beutel in den Topf zu füllen, zum Beispiel wenn ein- oder umgetopft wird.

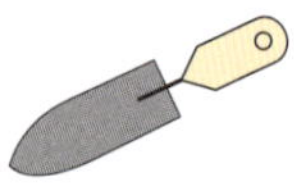

HANDSCHAUFEL

Alternativ können Sie zum Umtopfen Ihrer Pflanzen auch eine kleine Handschaufel verwenden.

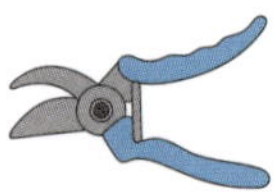

ROSEN- ODER PFLANZENSCHERE

Wenn Pflanzen zu groß werden, müssen sie gestutzt werden. Ein behutsamer Rückschnitt ist jederzeit möglich, ein kräftiger Rückschnitt erfolgt einmal jährlich im Frühling. Die Rosenschere brauchen Sie auch, um abgestorbene Blätter oder Zweige zu entfernen.

GIESSKANNE

Das Pflanzsubstrat muss feucht gehalten werden. Kaufen Sie sich eine hübsche Gießkanne, die Sie nicht verstecken müssen. Wenn Sie sie täglich sehen, vergessen Sie das Gießen nicht so leicht.

BLUMENSPRÜHER

Für Pflanzen, die besonders hohe Luftfeuchtigkeit brauchen, etwa Grünlilien, ist ein Zerstäuber unerlässlich.

NIEMÖL

Dieses Öl, oft auch Neemöl geschrieben, wird aus den Samen des indischen Niembaums gewonnen. Es ist ein natürliches Fungizid. Sie brauchen es, wenn sich auf der Blumenerde Schimmel bildet, was beispielsweise im Badezimmer leicht geschehen kann. Sprühen Sie einfach etwas Niemöl auf die Substratoberfläche.

WAND- UND DECKENHAKEN

Zum Aufhängen von Blumenampeln brauchen Sie Haken – am besten aus Kupfer oder Edelstahl.

NATÜRLICHE BLUMENTÖPFE

Es gibt verschiedene natürliche Materialien, in denen Zimmerpflanzen sich wohlfühlen und gut aussehen.

TON

Töpfe aus gebranntem, unglasiertem Ton sind in Bezug auf den Schadstoffgehalt die erste Wahl. Pflanzen gedeihen gut darin, weil durch das poröse Material Sauerstoff an ihre Wurzeln gelangen kann. Und wenn Sie einmal zu viel gießen, kann überflüssige Feuchtigkeit durch die Topfwand verdunsten. Steht der Topf auf einer empfindlichen Oberfläche, brauchen Sie noch einen Untersetzer.

KERAMIK

Töpfe aus Keramik sehen gut aus, aber viele handelsübliche Exemplare sind mit Glasuren überzogen, die bedenkliche chemische Substanzen enthalten. Am besten kaufen Sie bei einem Hersteller ein, bei dem Sie sich nach der Zusammensetzung der Glasuren erkundigen können.

NATURBAUMWOLLE ODER JUTE

Wer wenig Stellfläche für Pflanzen hat, kann sie auch an der Wand oder an der Decke aufhängen. Dafür eignen sich am besten Konstrukte aus ungebleichter Naturbaumwolle oder Jute.

CHECKLISTE: SCHADSTOFFE RAUS!

Wer toxische Stoffe in der Wohnung aufspüren, beseitigen und durch unbedenkliche Alternativen ersetzen möchte, sollte methodisch vorgehen. Um Sie dabei zu unterstützen, gibt es im Buch für jeden Raum der Wohnung ein eigenes Kapitel. Wenn Sie schon dabei sind, können Sie auch gleich einige andere Veränderungen vornehmen, zum Beispiel im Wohnzimmer oder in der Küche Pflanzen aufstellen oder das Bad gründlich aufräumen. Die Checklisten helfen Ihnen, dabei den Überblick zu behalten.

BADEZIMMER

- ☐ Schadstoffhaltige Putzmittel ersetzen
- ☐ Schadstofffreies Putzmittelset zusammenstellen
- ☐ Glasreiniger selbst herstellen
- ☐ Mildes Scheuermittel selbst herstellen
- ☐ Ansehnliche und haltbare Putzutensilien anschaffen
- ☐ Wasser filtern
- ☐ Gekauftes Raumspray durch natürliche Produkte ersetzen
- ☐ Ein natürliches Raumspray herstellen
- ☐ Handtücher
- ☐ Duschvorhang
- ☐ Toilettenpapier
- ☐ Schadstoffhaltige Kosmetika eventuell noch aufbrauchen und gegen unbedenkliche ersetzen

BADEZIMMER

- [ ] Auf Naturprodukte umstellen
- [ ] Pflegeutensilien nach und nach gegen schöne und langlebige austauschen
- [ ] Ein Pflegeset zusammenstellen
- [ ] Mundspülung selbst herstellen
- [ ] Zahncreme selbst herstellen
- [ ] Deodorant selbst herstellen
- [ ] Zuckerpeeling selbst herstellen
- [ ] Gesichtsreinigung selbst herstellen
- [ ] Körpercreme selbst herstellen
- [ ] Augen-Make-up-Entferner
- [ ] Schadstoffhaltige Babypflegeprodukte entsorgen
- [ ] Unschädliche, hübsche Utensilien für die Babypflege anschaffen
- [ ] Pflegeprodukte selbst herstellen
- [ ] Hafersäckchen fürs Bad selbst herstellen
- [ ] Öl für die Babymassage selbst herstellen
- [ ] Badezimmerprodukte sichten, aufbrauchen, Anzahl verringern, ersetzen
- [ ] Pflanzen im Badezimmer aufstellen

KÜCHE

- [ ] Einkaufstaschen /-netze mit Naturmaterialien färben
- [ ] Aufbewahrung von Lebensmitteln
- [ ] Wiederverwendbare Verpackungen herstellen
- [ ] Kochutensilien nach und nach austauschen
- [ ] Abwasch
- [ ] Schneide- und Essbretter mit Naturprodukten versiegeln
- [ ] Elektrische Geräte sichten, nach und nach reduzieren oder austauschen
- [ ] Müll reduzieren
- [ ] Zero-Waste-Set für unterwegs zusammenstellen
- [ ] Mehr recyceln
- [ ] Kompostierbare Materialien bevorzugen
- [ ] Einen Kompost anlegen
- [ ] Pflanzen in die Küche stellen
- [ ] Schadstoffhaltige Putzmittel aussortieren
- [ ] Hübsche und langlebige Putzutensilien anschaffen
- [ ] Schadstofffreies Putzset zusammenstellen
- [ ] Geschirrspülmittel selbst herstellen
- [ ] Allzweckreiniger selbst herstellen
- [ ] Desinfektionstücher selbst herstellen
- [ ] Geeignete Methode zur Wasserfilterung finden und auswählen
- [ ] Informationen über die Wasserqualität einholen
- [ ] Küchenutensilien sichten, reduzieren und eventuell ersetzen
- [ ] Einen Kasten mit Würzkräutern bepflanzen
- [ ] Hübsche Behälter für die Mülltrennung anschaffen
- [ ] Verschiedenes

SCHLAF- UND KINDERZIMMER

- [ ] Schadstoffhaltige Putzmittel aussortieren
- [ ] Ansehnliche und langlebige Putzutensilien anschaffen
- [ ] Teppich-/Polsterreiniger herstellen
- [ ] Luftreinigung verbessern
- [ ] Aroma-Diffuser aufstellen
- [ ] Paraffinkerzen entfernen
- [ ] Bienenwachskerzen herstellen
- [ ] Elektronische Geräte reduzieren
- [ ] Matratze und Bettwäsche kritisch begutachten
- [ ] Natürliches Bettwäschespray herstellen
- [ ] Kleiderbestand kritisch sichten
- [ ] Kleider, die Sie nicht mögen oder die nicht mehr passen, aussortieren
- [ ] Beim Neukauf *Fast Fashion* meiden
- [ ] Auf langlebige Kleidung umsteigen
- [ ] Kleiderbestand der Kinder sichten
- [ ] Gefährliche Elemente ersetzen
- [ ] Schadstofffreies Spielzeug anschaffen
- [ ] Reinigungsmittel für Spielzeug herstellen
- [ ] Pflanzen ins Schlaf- und Kinderzimmer stellen
- [ ] Das Schlafzimmer zur grünen Oase machen

WOHN-/ESSZIMMER

- [ ] Kritische Bestandsaufnahme
- [ ] Schadstofffreies Pflegeset zusammenstellen
- [ ] Möbelpolitur
- [ ] Reiniger für Polsterstoffe
- [ ] Fußbodenreiniger
- [ ] Natürliche Tischdekoration
- [ ] Langlebiger Blumenschmuck
- [ ] Dekorative Grünpflanzen

ARBEITSZIMMER

- [ ] Pflanzen aufstellen
- [ ] Beleuchtung überdenken
- [ ] Schadstofffreie Büromöbel bevorzugen
- [ ] Überflüssige elektronische Geräte aussortieren
- [ ] Bildschirmreiniger herstellen
- [ ] Bewusst Technologiepausen einlegen
- [ ] Nutzung elektronischer Geräte und sozialer Netzwerke auf ein gesundes Maß reduzieren

HAUSWIRTSCHAFTSRAUM

- [ ] Wasch-/Trockengewohnheiten überdenken
- [ ] Bestandsaufnahme der Waschmittel
- [ ] Natürlichen Fleckentferner wählen
- [ ] Weichspüler und Trocknertücher meiden
- [ ] Trocknerkugeln aus Wolle herstellen
- [ ] Natürlichen Weichspüler herstellen

BADEZIMMER

In den meisten Bädern ist der Stauraum knapp, darum muss man gut überlegen, was dort untergebracht werden soll. Gerade im Bad gibt es oft viele Putzmittel und Körperpflegeprodukte, die bedenkliche Chemikalien enthalten.

WENIGER VERPACKUNGEN

Verpackungsmüll lässt sich im Bad relativ leicht reduzieren, etwa indem man statt Duschgel und Shampoo in Plastikflaschen Seifenstücke für Haut und Haare verwendet. Oder probieren Sie es statt Watte oder Abschminktüchern zum Wegwerfen mit Pads oder Tüchern, die man immer wieder waschen kann.

KRITISCHE BESTANDSAUFNAHME

Wahrscheinlich ist den meisten gar nicht bewusst, wie viel Zeit wir – über den Tag aufsummiert – im Badezimmer verbringen: morgens duschen, rasieren und schminken, abends bettfertig machen, und immer wieder zwischendurch. Das ist Grund genug, das Problem der toxischen Substanzen hier einmal genau unter die Lupe zu nehmen. Einerseits gehört das Bad normalerweise zu den kleinsten Räumen der Wohnung, aber andererseits sammeln sich gerade hier viele Produkte mit bedenklichen Inhaltsstoffen an, die ausgetauscht werden sollten, wenigstens nach und nach.

Fangen wir mit den Putzmitteln an. Handelsübliche Badreiniger gehören zu den aggressivsten Produkten, die auf dem Markt zu haben sind. Auch in handelsüblichen Produkten, die unangenehme Gerüche beseitigen sollen, stecken oft fragwürdige Inhaltsstoffe. In diesem Kapitel geht es aber auch um andere Dinge, die man im Bad benutzt, beispielsweise Toilettenpapier, Kosmetika und Accessoires, die Sie vielleicht für Ihr tägliches Schönheitsprogramm benutzen. Weil Pflegeprodukte direkt auf die Haut aufgetragen werden, sollten Sie beim Einkauf besonders wählerisch sein. Das gilt besonders für Produkte für Babys und kleine Kinder. Das Badezimmer ist ein Ort, in dem wir uns säubern. Wenn wir darauf achten, dass der Raum selbst auch sauber und unbelastet von Schadstoffen ist, wird die tägliche Reinigung zu einem Teil der Gesundheitsvorsorge.

FINGER WEG VON DIESEN PUTZMITTELN

Der Fachhandel bietet zahlreiche Reinigungsprodukte fürs Bad an. Die meisten enthalten aggressive Inhaltsstoffe, die gesundheitsschädlich sein können und zusätzlich unsere Gewässer belasten. Die meisten dieser Produkte lassen sich zum Glück problemlos durch natürliche Reinigungsmittel ersetzen.

WC-REINIGER

Die meisten WC- und Abflussreiniger enthalten aggressive, korrosive Inhaltsstoffe. Zweifellos kann man mit ihnen das WC auf Hochglanz bringen, doch der Preis dafür ist hoch, denn die gefährlichen Chemikalien können Atembeschwerden und Nervenschädigungen verursachen. Essig und Natron stehen den kommerziellen Produkten in der Reinigungswirkung nicht nach, bergen aber keine Gesundheitsrisiken.

SCHEUERPULVER/SCHEUERMILCH

Viele handelsübliche Scheuerpulver für Wanne und Waschbecken enthalten Chemikalien wie Formaldehyd, Benzol oder Toluol. Streut man das Putzmittel in die Wanne, gelangen diese toxischen Substanzen in die Luft. Man kann sie riechen, heißt: Man atmet sie ein. Ebenso gut eignet sich zum Scheuern eine Mischung aus Natron und flüssiger Olivenölseife.

SCHIMMELENTFERNER

Die meisten Schimmelentferner enthalten Chlor, können die Augen reizen und Verätzungen auf der Haut verursachen. Sie dürfen keinesfalls mit anderen Reinigungsmitteln gemischt werden, sonst entstehen erst recht gesundheitsschädliche Dämpfe. Verwenden Sie stattdessen Essig oder Essigessenz. Um die Wirkung zu verstärken, können Sie einige Tropfen ätherisches Öl zugeben, beispielsweise Teebaum- oder Thymianöl.

KALK- UND ROSTENTFERNER

Produkte zum Entfernen von Kalk, Rost oder Urinstein enthalten meist ätzende Chemikalien, die Augen, Haut und Atemwege reizen können. Mit Essig, Natron und Zitronensaft lassen sich solche Ablagerungen entfernen, ohne gesundheitliche Risiken einzugehen.

GLASREINIGER

1	2	3	
CH_3COOH	$C_{27}H_{48}O_{20}$	H_2O	
Essig	*Maisstärke*	*Wasser*	

CH_3COOH + $C_{27}H_{48}O_{20}$ + H_2O = *Reinigt & entfernt Flecken*

ZUTATEN

125 ml farbloser Branntweinessig

½ Esslöffel Maisstärke

250 ml destilliertes Wasser

HERSTELLUNG: 5 Minuten | **HALTBARKEIT:** unbegrenzt
BEHÄLTER: Glasflasche mit Zerstäuberaufsatz, 400–500 ml

Die Zutaten in die Flasche füllen und schütteln, um sie zu mischen. Den Reiniger vor jedem Gebrauch schütteln, auf Glasscheiben oder Spiegel sprühen und mit einem sauberen, trockenen Tuch nachpolieren.

SCHEUERMITTEL

1		2		3		4		
$NaHCO_3$	+	S	+	ÄÖ	+	H_2O	=	*Entfernt Schmutz & desinfiziert*
Natron		*Seife*		*Ätherische Öle*		*Wasser*		

ZUTATEN

165 g Natron
3 Esslöffel flüssige Olivenölseife
6 Tropfen ätherisches Zitronenöl
4 Tropfen ätherisches Kiefernöl
Wasser zum Verdünnen

HERSTELLUNG: 5 Minuten | **HALTBARKEIT:** unbegrenzt | **BEHÄLTER:** Glasbehälter mit beliebigem Deckel

Natron und flüssige Olivenölseife in einer kleinen Schüssel verrühren.
So viel Wasser unterrühren, dass eine Paste entsteht (ca. 2 Esslöffel). Das ätherische Öl zufügen.
Die Paste auf der zu reinigenden Fläche mit einem feuchten Tuch verreiben.
Falls nötig, den Vorgang wiederholen. Mit klarem Wasser nachspülen.

PRAKTISCHES ZUBEHÖR

Wenn Sie sich die Mühe machen, natürliche und gesunde Putzmittel anzuschaffen, könnten Sie gleich einen Schritt weiter gehen und langlebige Utensilien fürs Badezimmer kaufen. Ohne billiges Plastikzubehör sieht das Bad ohnehin gleich viel attraktiver aus, und sogar die Putzarbeit macht mehr Freude.

WC-BÜRSTE

Toilettenbürsten aus Plastik sind schlecht für die Umwelt und sehen obendrein hässlich aus. Das ist ärgerlich, denn die Bürste sollte immer griffbereit stehen, kann also nicht versteckt werden. Ansehnlicher und umweltfreundlicher ist ein Modell mit Griff und Behälter aus Holz und Borsten etwa aus Tampico (Agavenfasern).

AUFBEWAHRUNGSKASTEN

Die meisten Menschen bewahren Putzmittel in einem größeren Kasten auf; das muss aber keine Plastikkiste sein. Selbst gemachte Putzmittel in Glasbehältern – zumal mit schönen Etiketten – sehen so gut aus, dass man sie ohne Weiteres auf offene Regale stellen könnte. Alternativ könnten Sie sich für einen Korb aus Seegras oder einen Metallkorb mit Holzgriff(en) entscheiden.

HANDFEGER UND SCHAUFEL

Gerade in kleinen Räumen ist es praktisch, wenn man nicht immer gleich Staubsauger oder Besen hervorholen muss. Wer Plastik vermeiden möchte, ist mit einem Handfeger aus Holz mit Borsten aus Stroh oder (waschbarem) Bambus und einer Metall- oder Holzschaufel gut beraten. Zum Aufhängen eignet sich eine Lederschlaufe. Wenn Sie Kunststoff bevorzugen, kaufen Sie ein Set aus Silikon oder Recyclat.

SCHEUERBÜRSTE

Ohne eine gute Scheuerbürste geht nichts im Bad. Wählen Sie ein Modell mit Holzgriff und Naturborsten. Damit lassen sich Fliesen, Badewanne, Dusche und Fußboden gleichermaßen gut reinigen.

ABZIEHER

Wer eine Duschkabine aus Glas hat, braucht unbedingt einen Abzieher. Leisten Sie sich ein Modell aus Edelstahl und Silikon. Es hält länger als ein Plastikabzieher, sieht viel besser aus und hat eine gute Reinigungswirkung.

WASSER OHNE CHLOR

In vielen Gegenden der Welt, vor allem in Großstädten, wird dem Leitungswasser Chlor beigesetzt, um Bakterien, Keime und Erreger zu töten. Das dient der Sicherheit und Gesundheit der Trinkwassernutzer. Die Konzentration an Chlor ist nie so hoch, dass die Gesundheit durch diesen Zusatzstoff gefährdet ist, und die öffentlichen Wasserversorger bemühen sich, die Konzentration so gering wie möglich zu halten. Schwangere und Stillende sollten dennoch auf gechlortes Wasser verzichten. Auch Babynahrung sollte mit ungechlortem Trinkwasser oder mit gekauftem Wasser zubereitet werden. Die deutsche Trinkwasserverordnung ist diesbezüglich deutlich strenger als in vielen Nachbarländern. Dennoch kann es zu Verunreinigungen des Trinkwassers im privaten Rohrsystem kommen. Wer ganz genau wissen will, was am Ende aus dem Wasserhahn kommt, kann das Wasser mit einem Wassertestset überprüfen, und dann entscheiden, ob man sein Trinkwasser oder sogar das gesamte Wasser über eine Hausanlage filtern möchte. Denn wenn wir duschen oder baden, uns das Gesicht waschen oder die Zähne putzen, kommen wir mit Leitungswasser in Berührung. Das Chlor kann dabei die Haut stark austrocknen, kann sie reizen und die Haare spröde machen.

EINE EINFACHE LÖSUNG

Um dem Chlor-Problem zu begegnen, gibt es eine überraschend einfache Lösung: Vitamin C. Schon eine kleine Menge Ascorbinsäure oder Natriumascorbat genügt, um Chlor oder Chloramin zu neutralisieren. Für eine ganze Badewanne brauchen Sie nur einen halben Teelöffel Ascorbinsäurepulver ins Wasser zu geben, bevor Sie hineinsteigen. Zum Entchloren von Duschwasser bietet der Fachhandel spezielle Duschköpfe an, in die Vitamin-C-Kartuschen eingesetzt werden können.

FRISCHE LUFT IM BAD

Im Badezimmer hat man öfter das Bedürfnis, etwas für gute Luft beziehungsweise gegen schlechte Gerüche zu tun, aber die Raumsprays aus dem Handel enthalten oft synthetische Duftstoffe und bedenkliche Chemikalien. Vor allem Formaldehyd, petrochemische Verbindungen und Glycolether gelten als gefährlich. Selbst wenn die Mengen gering sind, können sie in einem kleinen Badezimmer leicht eine Konzentration erreichen, der man sich nicht aussetzen sollte. Das ist auch nicht nötig, denn es gibt verschiedene natürliche, ungefährliche Methoden, die Luft zu verbessern.

NATÜRLICHE LUFTREINIGUNG

FENSTER ÖFFNEN

Es klingt vielleicht banal, aber gründliches Stoßlüften durchs weit geöffnete Fenster ist der schnellste und günstigste Weg, um schlechte Luft aus dem Bad zu vertreiben. Außerdem ist gerade in Feuchträumen regelmäßiges Lüften sehr wichtig, um Schimmelbildung vorzubeugen.

SCHNITTBLUMEN

Warum sollen Blumensträuße immer im Wohnzimmer stehen? Auch für das Badezimmer sind Blumen ein schöner Schmuck, vor allem, wenn sie duften. Je nach Saison können Sie beispielsweise Freesien, Pfingstrosen, Frangipani oder andere duftende Blumen wählen.

RAUMSPRAY

Fertig gekaufte Raumsprays sind bedenklich. Ganz anders sieht es mit selbst gemachten Sprays aus, die mit natürlichen ätherischen Ölen versetzt werden.

DIFFUSER

Wenn Sie kein Raumspray mischen möchten, können Sie ätherische Öle auch in einen Diffuser oder in eine Duftlampe geben. Die Öle duften nicht nur angenehm, sondern besitzen oft auch Inhaltsstoffe, die Toxine abbauen oder antibakteriell wirken.

POTPOURRI

Noch einfacher ist es, das Bad mit einem Potpourri zu beduften. Dafür geben Sie einfach getrocknete Gewürze oder getrocknete Fruchtscheiben in eine Schale und beträufeln sie nach Belieben zusätzlich mit ätherischen Ölen. Das sieht dekorativ aus und riecht angenehm, aber dezent.

RAUMSPRAY

ÄÖ [1]	+	H_2O [2]	=	
Ätherische Öle		*Wasser*		*Erfrischt & desinfiziert*

ZUTATEN

3 Tropfen ätherisches Lavendelöl
4 Tropfen ätherisches Rosmarinöl
8 Tropfen ätherisches Orangenöl
60 ml Wasser

HERSTELLUNG: 5 Minuten | **HALTBARKEIT:** bis 1 Monat
BEHÄLTER: kleine Glasflasche, 60 ml, mit Zerstäuberaufsatz

Alle Zutaten in die Zerstäuberflasche geben.
Nach Bedarf etwas davon in die Luft sprühen. Vor Gebrauch kräftig schütteln.

LIEBER ERSETZEN

Obwohl Badezimmer oft recht klein sind, möchte man dort viele verschiedene Dinge möglichst bequem zur Hand haben. Einige davon sollten Sie genauer unter die Lupe nehmen. Alle handelsüblichen Putzmittel enthalten toxische Substanzen, aber Reiniger für das Bad – und vor allem für das WC – sind oft besonders aggressiv. Wenn man sie versehentlich mischt, kann es zu chemischen Reaktionen kommen, durch die ihre schädliche Wirkung noch zunimmt. Das Aussortieren schadstoffreicher Putzmittel ist aber nur der erste Schritt. Wer toxische Substanzen konsequent verbannen möchte, sollte danach über andere Utensilien wie Duschvorhang, Handtücher oder Toilettenpapier nachdenken.

Auch die Produkte, die wir verwenden, um uns zu waschen, die Haut mit Feuchtigkeit zu versorgen oder uns zu schminken, enthalten oft chemische Stoffe, die mit Vorsicht anzuwenden sind. Sie können nützlich sein, aber da wir sie täglich verwenden und direkt auf die Haut auftragen, ist es sinnvoll, sich mit ihren Inhaltsstoffen genauer zu beschäftigen. Letztlich können Sie nur gewinnen, wenn Sie alle Produkte aussortieren, deren Inhaltsstoffe gesundheitsschädlich sind oder deren Wirkung Sie nicht kennen. Ersetzen Sie lieber die Produkte der Basispflege (Zahncreme, Shampoo, Haarspülung, Duschgel) sowie spezielle Hautpflege und dekorative Kosmetik durch Alternativen, die keine Risiken bergen. Das gilt selbstverständlich doppelt für Pflegeprodukte für Babys und Kinder. Deren Haut reagiert auf Chemikalien und Duftstoffe weitaus empfindlicher als die von Erwachsenen. Letztlich stellen Sie durch die Wahl der Pflegeprodukte für Kinder außerdem die Weichen dafür, dass sie gesundheits- und umweltbewusst heranwachsen.

HANDTÜCHER

Es ist herrlich, sich nach dem Duschen in ein weiches Handtuch einzuwickeln. Und weil Handtücher benutzt werden, um die Haut nach der Reinigung abzutrocknen, lohnt es sich, darauf zu achten, dass sie aus wirklich hochwertigem Material hergestellt sind. Das ist allerdings nicht immer der Fall.

Die meisten Handtücher bestehen aus herkömmlicher Baumwolle, weil die Fasern weich und saugfähig sind. Anbau und Ernte der Baumwolle geben allerdings oft Anlass zur Besorgnis. Viele Anbauflächen werden intensiv mit toxischen Pestiziden behandelt, vor allem mit Spritzmitteln, die Glyphosat enthalten. Dieser Stoff gilt als krebserregend und ist sehr umstritten. Für die Arbeiter auf den Baumwollfeldern sind diese Pestizide am gefährlichsten, aber Rückstände der Spritzgifte sind auch noch in den fertigen Baumwolltextilien nachweisbar. Außerdem kommen im Produktionsprozess oft weitere gefährliche Chemikalien wie Chlor oder Schwermetalle zum Einsatz, die ebenfalls Rückstände hinterlassen können.

Alternative: Kaufen Sie lieber Handtücher aus Biobaumwolle, die zum Beispiel das Label des Global Organic Textile Standard (GOTS) tragen. Das GOTS-Siegel beruht auf einer unabhängigen Zertifizierung und gewährleistet, dass Ihre weichen, saugfähigen Handtücher aus Baumwolle hergestellt sind, die aus pestizid- und herbizidfreiem Anbau stammt, und bei deren Färbung weder Formaldehyd noch Schwermetalle zum Einsatz kommen. Es gibt jedoch weitere vertrauenswürdige Biosiegel.

DUSCHVORHANG

Duschvorhänge bestehen in der Regel aus Kunststoff. Inzwischen wurde festgestellt, dass viele dieser Plastikvorhänge toxische Substanzen an die Raumluft abgeben. Die Mehrzahl der Duschvorhänge wird aus Polyvinylchlorid (PVC) hergestellt. Dieser Kunststoff ist weitverbreitet, weil er relativ preiswert ist. Oft enthält er Phthalate (Weichmacher), die dafür sorgen, dass er geschmeidig und langlebig ist.

Alternativen: Es gibt eine Reihe von Materialien, die sich gut für Duschvorhänge eignen und auch nicht die Welt kosten.

Hanf: Hanf ist eine sehr gute Alternative, weil die Fasern von Natur aus resistent gegen Pilzbefall sind. Das ist vorteilhaft für Produkte, die täglich mit Feuchtigkeit in Berührung kommen. Duschvorhänge aus Hanf kommen ohne wasserdichtes Futter aus, und man kann sie bei Bedarf problemlos waschen.

Biobaumwolle: Ein Duschvorhang aus Biobaumwolle gibt keine schädlichen Chemikalien ab und verströmt auch keinen unangenehmen Plastikgeruch. Baumwolle ist saugfähiger als Hanf und trocknet darum langsamer. Deshalb ist es sinnvoll, solche Duschvorhänge mit einer wasserdichten Extralage zu kombinieren.

Nylon: Wer einen wasserdichten Vorhang bevorzugt, ist mit Nylon am besten beraten. Diese Kunstfaser ist zwar nicht übermäßig umweltfreundlich, enthält aber keine Weichmacher und gibt keine schädlichen Stoffe an die Luft ab. Das ist vor allem in kleinen Räumen wie dem Bad wichtig.

TOILETTENPAPIER

Das Toilettenpapier gehört wahrscheinlich zu den Gegenständen im Bad, über die wir uns die wenigsten Gedanken machen, weil es unvermeidbar ist. Hauptsache, es ist genug davon im Haus und greifbar! Tatsächlich gibt es aber noch einige andere Dinge zu bedenken.

Erstens handelt es sich bei Toilettenpapier um Papier. Das heißt, es wird aus Holzfasern hergestellt – also aus Bäumen. Ein Großteil unseres Toilettenpapiers besteht aus neuen Fasern, enthält also keine recycelten Anteile, und das hat beträchtliche Auswirkungen auf unsere Wälder. Im Jahr 2010 wurden pro Tag etwa 270 000 Bäume gefällt. Einem Bericht der amerikanischen Umweltforschungsorganisation *Worldwatch Institute* zufolge entfiel davon ein Anteil von 10 % auf die Produktion von Toilettenpapier, das wir genau einmal benutzen und dann wegspülen. Da auch in den Entwicklungsländern der Verbrauch an Toilettenpapier stetig zunimmt, wird sich dieser Anteil weiter erhöhen.

Der Verbrauch natürlicher Ressourcen ist aber nicht das einzige Problem. Toilettenpapier wird normalerweise gebleicht, damit es weicher wird und schön weiß aussieht. Obwohl viele Hersteller dafür heute kein Chlor mehr verwenden, können bei der Bleichung Dioxine und andere bedenkliche Stoffe in die Umwelt gelangen.

Alternative: Die beste Wahl ist ungebleichtes Recyclingpapier. Ganz unproblematisch ist es zwar nicht, denn in vielen Recycling-Toilettenpapieren wurden Spuren von Bisphenol A (BPA) gefunden, wahrscheinlich Verunreinigungen, die während des Recyclingprozesses eingetragen wurden. Ursache solcher Verunreinigungen sind meist beschichtete Thermopapiere, beispielsweise Kassenbons. Befinden sich solche Kassenzettel im Altpapier, kann BPA ins Recyclingpapier gelangen. Die Rückstände im Toilettenpapier sind so gering, dass sie für sich allein betrachtet keine echte Gefahr darstellen. Allerdings sind wir BPA auch in vielen anderen Situationen ausgesetzt. Kassenbons, die wir täglich in der Hand halten, sind nur ein Beispiel. Ganz auf Toilettenpapier zu verzichten wäre ideal – etwa durch die Benutzung eines Bidets. Wer sich jedoch für ungebleichtes Recyclingpapier entscheidet, kann immerhin sicher sein, den einen oder anderen Baum zu retten.

PRODUKTE FÜR HYGIENE UND SCHÖNHEIT

Körperpflegeprodukte und Kosmetika haben weltweit einen hohen Marktanteil. Die Kosmetikindustrie zieht ihren Profit aus den Komplexen und Selbstzweifeln der Menschen und preist immer neue Produkte an, um unsere »Probleme« zu lösen. Diese Marketingstrategie ist an sich schon perfide, und eigentlich gemein. Schlimmer ist jedoch, dass sich auf jedem Produkt eine lange, meist winzig klein gedruckte Liste fragwürdiger Zutaten befindet. Inzwischen sind die Verbraucher kritischer geworden, die Nachfrage nach »Naturkosmetik« – von Lippenstift und Wimperntusche über Cremes bis zu Deodorants und Rasierschaum – nimmt zu, und die Hersteller müssen reagieren.

DARAUF SOLLTEN SIE ACHTEN

Die Haut ist das größte Organ des Körpers. Produkte, die wir auf die Haut auftragen, bleiben nicht auf der Oberfläche. Manche Inhaltsstoffe dringen ein, gelangen ins Blut, werden im Körper verteilt, können sich ablagern und anreichern. Das ist Grund genug, die Produkte des täglichen Gebrauchs einmal genau in Augenschein zu nehmen. Hinzu kommt, dass wir viele Produkte durch den Abfluss in die Kanalisation spülen und ihre Inhaltsstoffe wieder ins Trinkwassernetz gelangen.

Es ist nicht ganz einfach, Kosmetika zu finden, die ausschließlich Zutaten mit nachgewiesener Unbedenklichkeit enthalten. Sollen Sie nun Ihren Lieblings-Eye-Liner wegwerfen, weil er einen Inhaltsstoff mit unaussprechlichem Namen enthält? Sollen Sie auf die Spülung, die Ihren Haaren Volumen und schönen Glanz gibt, in Zukunft verzichten, weil einer der Inhaltsstoffe im Verdacht steht, Krebs zu erregen? Weil das Schönheitsempfinden eine sehr persönliche Sache ist, sind auch die Auswahlkriterien für die täglich benutzten Produkte ganz individuell. Jeder muss selbst entscheiden, welche Zugeständnisse er machen will, aber nur wer gut informiert ist, kann bewusste Kaufentscheidungen treffen. Wer sich in die Inhaltsstoffwissenschaft nicht ganz detailliert einarbeiten möchte, dem hilft eine der vielen Apps, die auf einen Blick zeigt, welche Inhaltsstoffe in einem kosmetischen Produkt sind, welche davon als bedenklich gelten und wie das Verhältnis von bedenklichen und unbedenklichen Inhaltsstoffen ist. Heraus kommt eine Art Testurteil mit roten und grünen Anteilen, die die Kaufentscheidung leicht machen.

Auf den nächsten Seiten finden Sie eine Übersicht häufig verwendeter, fragwürdiger Inhaltsstoffe sowie einer Auswahl natürlicher Alternativen.

BEDENKLICHE INHALTSSTOFFE

Die Inhaltsdeklarationen auf Kosmetik sind für Nicht-Chemiker oft schwer verständlich. Die folgenden Stoffe sind bedenklich, werden aber häufig verwendet.

ETHANOLAMINE

Ethanolamine wie Diethanolamin (DEA) und Triethanolamin (TEA) werden oft als Emulgatoren in Shampoos, Haarspülungen, Cremes und anderen Kosmetikprodukten eingesetzt. Wenn sie mit Konservierungsstoffen reagieren, kann es zur Bildung von Nitrosaminen kommen, von denen einige als krebserregend bekannt sind. Die Europäische Kommission hat den Einsatz von DEA in Kosmetika verboten.

TRICLOSAN

Dieser Stoff kommt als antibakterieller Zusatz in verschiedensten Produkten zum Einsatz (Deodorant, Rasiergel, Zahncreme). Er kann Asthma und Allergien verschlimmern. Außerdem kann er die Spermienproduktion herabsetzen, die Schilddrüsenfunktion stören und Verdauungsprobleme verursachen.

PARABENE

Diese Chemikalien werden in zahlreichen Produkten als Konservierungsstoffe eingesetzt. Sie hemmen die Besiedelung der Produkte mit schädlichen Bakterien und Pilzen. Man nimmt aber an, dass sie eine hormonaktive Wirkung besitzen und den Östrogenhaushalt stören können.

UV-FILTER

Diese Stoffe kommen nicht nur in Sonnenschutzmitteln zum Einsatz, sondern auch in Tagescremes und Shampoos, die Haut und Haar vor Sonnenschäden schützen sollen. Einige von ihnen, darunter Octinoxat und Oxybenzon, können wegen ihrer hormonaktiven Wirkung negativen Einfluss auf die Fortpflanzungsorgane nehmen.

NATRIUMLAURYLSULFAT UND NATRIUMLAURYLETHERSULFAT

Diese anionischen Tenside werden als waschaktive Substanzen in Shampoos und Seifen verwendet. Sie bewirken die Schaumbildung, müssen sich aber mit Fetten verbinden, damit man sie abspülen kann. Darum wirken sie austrocknend und können die Haut reizen. Bei ihrer Herstellung fallen als Nebenprodukte schädliche Nitrosamine an. Zur Produktion von Natriumlaurylethersulfat wird 1,4-Dioxan verwendet. Die Konzentration in Sonnencremes ist gering, und diese Produkte werden nicht täglich angewandt. 1,4-Dioxan gelangt aber in die Umwelt, wird nicht abgebaut und kann Wasserlebewesen schädigen. In Shampoos und Duschgel wird Natriumlaurylsulfat schon seit einer Weile nicht mehr verwendet, es lohnt aber auf jeden Fall ein Blick auf das konkrete Produkt.

VASELINE

Vaseline wird in der Liste der Inhaltsstoffe oft als Petrolatum aufgeführt. Sie dient dazu, die Verdunstung von Hautfeuchtigkeit zu verringern. Ihr Ausgangsrohstoff ist Erdöl, das die Hautporen verstopfen kann. Vaseline kann aromatische, polyzyklische Kohlenwasserstoffe enthalten, von denen einige als krebserregend gelten.

HYDROCHINON

Diese organische Verbindung aus der Gruppe der Phenole kommt als Duftstoff in Cremes und Produkten zur Feuchtigkeitspflege sowie zur Aufhellung der Haut und bei Pigmentstörungen zum Einsatz. In einigen Ländern ist ihr Einsatz in kosmetischen Produkten verboten. Hydrochinon steht im Verdacht, krebserregend zu sein und Reizungen der Haut und der Atemwege zu verursachen.

STEINKOHLENTEER

Steinkohlenteer ist ein Nebenprodukt der Koksgewinnung aus Steinkohle. Aus ihm werden organische Farbstoffe hergestellt, die beispielsweise in Haarfärbemitteln (vor allem dunkle Töne) und Antischuppenshampoos eingesetzt werden – obwohl sie mit hoher Wahrscheinlichkeit Krebs erregen.

TALKUM

Talkum ist ein Mineralpulver, das in manchen Produkten für die Babypflege enthalten ist. Talkum bindet Fett und Feuchtigkeit und wird darum in kosmetischem Puder und Lidschatten verwendet, um die Deckkraft zu erhöhen. Talkum kann aber krebserregendes Asbest enthalten. Darum empfiehlt sich, Produkte mit Talkum zu meiden, sofern sie nicht ausdrücklich als asbestfrei gekennzeichnet sind.

BLEI

Blei gehört zu den Schwermetallen, die bekanntermaßen verschiedene Gesundheitsschäden verursachen können (Bluthochdruck, Fortpflanzungsprobleme). Mineralische Farbpigmente, die beispielsweise zur Herstellung von Lippenstift oder Lidschatten verwendet werden, können mit Blei kontaminiert sein.

DUFTSTOFFE

Unter diesem Sammelbegriff werden verschiedene chemische Substanzen zusammengefasst, die Produkten einen bestimmten Geruch geben – selbst solchen, die als parfümfrei deklariert werden. Die Verträglichkeit vieler Duftstoffe ist noch nicht genau erforscht. Manche stehen im Verdacht, Allergien und Hautreizungen zu verursachen. Zur Fixierung von Duftstoffen wird häufig Diethylphthalat (DEP) verwendet, das hormonaktive Wirkung besitzt und als umweltschädlich bekannt ist.

100 % NATÜRLICHE INHALTSSTOFFE

Es gibt eine Reihe natürlicher Zutaten, mit denen sich die gleiche Pflegewirkung erzielen lässt wie mit chemischen Stoffen. Manche haben Sie wahrscheinlich sogar im Haus. Schauen Sie nach, ob Sie sie auf der Zutatenliste gekaufter Kosmetika finden, oder stellen Sie Ihre Pflegeprodukte selbst her.

KAKAOBUTTER

Kakaobutter fällt bei der Pressung von Kakaobohnen an. Sie verringert den Feuchtigkeitsverlust der Haut und ist in zahlreichen Körpercremes enthalten.

HAMAMELISEXTRAKT/-WASSER

Der Pflanzenextrakt wird aus der Zaubernuss (botanisch *Hamamelis*) gewonnen. Weil er natürliche adstringierende und entzündungshemmende Inhaltsstoffe besitzt, eignet er sich gut für Produkte zur Reinigung und Straffung der Haut.

SÜSSES MANDELÖL

Das leichte, neutral riechende Öl wird aus Mandeln gepresst. Es besitzt feuchtigkeitsspendende Eigenschaften und kann für zahlreiche Produkte zur Haut- und Haarpflege verwendet werden.

HONIG

Honig eignet sich wegen seiner feuchtigkeitsspendenden und antibakteriellen Eigenschaften sehr gut für Gesichtsmasken und Haarpackungen. Es versteht sich von selbst, dass der Honig aus biologischer Produktion stammen sollte.

APFELESSIG

Verdünnter Apfelessig kann als tonisierende Gesichtslotion verwendet werden. Unverdünnt wird er traditionell als Spülung benutzt, um Haaren Glanz zu verleihen.

EPSOMSALZ (BITTERSALZ)

Das Salz kann als Badezusatz verwendet werden. Wegen seines hohen Magnesiumgehalts lindert es Muskelverspannungen.

ALOE VERA

Der Saft aus den Blättern dieser Sukkulente wird seit Urzeiten wegen seiner feuchtigkeitsspendenden und entzündungshemmenden Eigenschaften verwendet. Aloe-vera-Saft und -Gel werden verschiedensten Produkten beigemischt, vor allem zur Feuchtigkeitspflege und zur Linderung von Sonnenbrand.

HONIG
KAKAO-
BUTTER
SÜSSES
MANDELÖL
APFELESSIG
HAMAMELIS-
EXTRAKT

ARGANÖL

Dieses teure Pflanzenöl wird aus dem Samen des marokkanischen Arganbaums gewonnen. Es ist sehr reichhaltig und wird schnell von der Haut aufgenommen. Verwendet wird es vor allem für Feuchtigkeitsprodukte für Haut und Haare.

RINGELBLUMENÖL

Hergestellt wird Ringelblumenöl durch Mazeration der Blütenblätter, es handelt sich also nicht um ein ätherisches Öl. Die Ringelblume ist eine altbekannte Heilpflanze. Das milde Öl eignet sich besonders gut für Babys und Kinder. Es spendet Feuchtigkeit und kann auch als Massageöl verwendet werden.

BIENENWACHS

Bienenwachs bildet eine schützende Barriere, die den Feuchtigkeitsverlust der Haut verringert. Es kann als unschädliche Alternative zu Vaseline verwendet werden, etwa in Feuchtigkeitscreme und Lippenbalsam. Ein Bonus sind die antibakteriellen Inhaltsstoffe.

VITAMIN E

Vitamin-E-Öl spendet Feuchtigkeit und besitzt antioxidative Eigenschaften. Als nährende Zutat kommt es oft in Seren oder Feuchtigkeitscremes zum Einsatz. Weil es sehr reichhaltig ist, eignet es sich nur bedingt zur Pflege unreiner Haut.

HAFERFLOCKEN

Haferflocken sind ein traditionelles Mittel, um gereizte Haut zu beruhigen. Man kann die Flocken auch als beruhigenden Badezusatz verwenden. Fein zerrieben geben sie ein ausgezeichnetes Peeling ab, das abgestorbene Hautschüppchen behutsam entfernt und die Haut wunderbar weich macht.

ARGANÖL
RINGEL-
BLUMENÖL
BIENEN-
WACHS
HAFER-
FLOCKEN

NACHHALTIGE PFLEGEUTENSILIEN

Zur täglichen Körperpflege brauchen wir allerlei Utensilien. Leider bestehen viele aus Plastik, sind im Extremfall für den Einmalgebrauch bestimmt oder in unnötig viel Kunststoff verpackt. Wer im Alltag toxische Stoffe vermeiden will, sollte auf nachhaltige, langlebige Alternativen umsteigen. Das kann allerdings bedeuten, die Alltagsgewohnheiten zu verändern.

ZAHNBÜRSTE AUS BAMBUS

Jedes Jahr werden weltweit Millionen Plastikzahnbürsten weggeworfen, und die wenigsten werden recycelt. Nachhaltiger sind Zahnbürsten aus biologisch abbaubaren Stoffen wie Bambus oder Holz. Manche haben einen Kopf aus Plastik, den man vor dem Wegwerfen abbrechen und getrennt entsorgen kann.

KÖRPERBÜRSTE

Eine Trockenmassage vor der Dusche ist angenehm, weil sie die Haut weich und glatt macht und die Durchblutung anregt. Wählen Sie ein Modell mit Holzgriff und Naturborsten aus.

HAARBÜRSTE

Viele Haarbürsten bestehen ganz oder teilweise aus Plastik. Es gibt Modelle mit Holzgriff. Nach Haarbürsten mit Borsten aus umweltfreundlichen Materialien muss man etwas länger suchen, oft wird man auf Märkten fündig. Sie haben die Wahl zwischen Schweineborsten und – wenn Sie komplett auf tierische Produkte verzichten möchten – Holzborsten, teilweise mit Spitzen aus Kautschuk.

KAMM

Viele Menschen haben gern einen Kamm griffbereit, um zwischendurch die Frisur in Ordnung zu bringen. Am besten ist ein durabler Kamm aus Holz oder Horn.

NATURSCHWAMM

Zum Abreiben der Haut in der Wanne oder unter der Dusche ist ein Naturschwamm die beste Wahl: völlig chemiefrei, biologisch abbaubar und sehr weich.

SEIFE

Seifenstücke sind die umweltfreundlichste Wahl, vor allem, wenn sie in einer recycelbaren Verpackung oder gleich ganz ohne verkauft werden. Duschgels und Handseifen in Plastikflaschen enthalten oft unnötig viele chemische Substanzen. Seifenstücke, die ausschließlich natürliche Zutaten enthalten, sind weitaus schonender für Haut und Umwelt.

FESTES SHAMPOO

Wie Seife im Stück ist auch festes Shampoo eine Möglichkeit, Plastik und Verpackungsmüll im Bad zu vermeiden. Viele feste Shampoos und Haarseifen enthalten überdies weniger chemische Stoffe als die flüssigen Versionen.

WATTESTÄBCHEN & ZAHNSEIDE

Weil Wattestäbchen und Zahnseide so klein sind, neigt man dazu, sie nicht ernst zu nehmen. Wenn sie aber von allen Menschen auf der Erde benutzt würden, käme ein beachtlicher Müllberg zusammen. Beide sind ohne Plastik und in biologisch abbaubarer Qualität erhältlich. Wattestäbchen mit Plastikschaft sind ab 2021 ohnehin in der EU verboten.

SICHERHEITSRASIERER

Einwegrasierer sind praktisch, aber die Qualität ist meist minderwertig. Systemrasierer mit austauschbaren Klingenköpfen sind ein Schritt in die richtige Richtung, aber sie sind recht teuer und verursachen ebenfalls Plastikmüll. Ideal ist ein traditioneller Sicherheitsrasierer oder Rasierhobel. Es gibt Modelle ohne Kunststoff, und weil nur die Klinge ausgetauscht wird, fällt weniger Müll an, und es ergibt sich auf lange Sicht sogar eine Kostenersparnis.

ABSCHMINKPADS

Einweg-Abschminkpads sind praktisch, enthalten aber oft chemische Inhaltsstoffe und werden zum Teil aus Materialien hergestellt, die nicht biologisch abbaubar sind. Wer einen Stapel Waschlappen oder Mulltücher aus Baumwolle griffbereit hat, weiß genau, womit das Gesicht in Berührung kommt, und vermeidet außerdem Müll.

MUNDSPÜLUNG

1		2		3		
$NaHCO_3$	+	ÄÖ	+	H_20	=	*Erfrischend & antibakteriell*
Natron		*Pfeffer-minze*		*Wasser*		

ZUTATEN

¼ Teelöffel Natron
2 Tropfen ätherisches Pfefferminzöl
30 ml Wasser

HERSTELLUNG: 5 Minuten | **HALTBARKEIT:** 2–3 Tage
BEHÄLTER: kleines Glas mit Schraubdeckel

Die Zutaten in einem kleinen Schraubglas mischen und vor jeder Verwendung gut schütteln. Nach dem Zähneputzen den Mund 30 Sekunden lang mit einem Drittel der Mischung spülen, dann ausspucken.

ZAHNCREME

1		2		3		4		5		
KO	+	**$NaHCO_3$**	+	**NaCl**	+	**$C_5H1_{12}O_5$**	+	**ÄÖ**	=	*Reinigt & erfrischt*
Kokosöl (bio)		*Natron*		*Salz*		*Xylit (Pulver)*		*Zimt*		

ZUTATEN

5 Esslöffel Biokokosöl
2 Esslöffel Natron
½ Esslöffel feines Tafelsalz
1 Esslöffel Xylit (Pulver)
10 Tropfen ätherisches Zimt- oder Pfefferminzöl

HERSTELLUNG: 10 Minuten | **HALTBARKEIT:** 2 Monate | **BEHÄLTER:** Schraubglas mit weiter Öffnung, 150 ml

Das Kokosöl in einem Topf zerlassen. In einer kleinen Schüssel mit den übrigen Zutaten verrühren.
Die Mischung in das Schraubglas füllen und erstarren lassen. Zwischendurch umrühren.
Zur Anwendung mit der sauberen Zahnbürste etwas von der Mischung aus dem Glas entnehmen. Falls mehrere Personen das gleiche Glas benutzen, etwas Paste mit einem kleinen Spatel oder einem Espressolöffel entnehmen.

DEODORANT

1 **K** *Karitébutter*	+	2 **KB** *Kakaobutter*	+	3 **$NaHCO_3$** *Natron*	+	4 **$C_{27}H_{48}O_{20}$** *Maisstärke*	+	5 **Vit E** *Vitamin-E-Öl*	+	6 **ÄÖ** *Ätherische Öle*	=	*Neutralisiert Gerüche & nährt die Haut*

ZUTATEN

3 Esslöffel Karitébutter (Sheabutter)
2 Esslöffel Kakaobutter
3 Esslöffel Natron
2 Esslöffel Maisstärke
½ Teelöffel Vitamin-E-Öl
8 Tropfen ätherisches Bergamotteöl
3 Tropfen ätherisches Ylang-Ylang-Öl

HERSTELLUNG: 15 Minuten, plus 1–2 Stunden zum Festwerden | **HALTBARKEIT:** mehrere Wochen
BEHÄLTER: Schraubglas, 150 ml

Karitébutter und Kakaobutter im Wasserbad schmelzen und verrühren.
Vom Herd nehmen und die übrigen Zutaten unterrühren. In das Schraubglas gießen und abkühlen lassen. Mit dem Finger eine erbsengroße Menge entnehmen und in der Achselhöhle verteilen.

ZUCKERPEELING

1		2		3		
$C_{12}H_{22}O_{11}$ *Zucker*	+	**M** *Mandelöl*	+	**ÄÖ** *Ätherische Öle*	=	*Entfernt abgestorbene Hautpartikel*

ZUTATEN

200 g brauner Zucker
120 ml Mandelöl
10 Tropfen ätherisches Orangenöl
5 Tropfen ätherisches Grapefruitöl

HERSTELLUNG: 5 Minuten | **HALTBARKEIT:** bis 6 Monate | **BEHÄLTER:** Glas oder Dose, luftdicht schließend

Alle Zutaten in einer kleinen Schüssel mischen. In ein luftdicht schließendes Gefäß füllen. Unter der Dusche etwas von der Mischung entnehmen, die Haut damit abreiben, dann abspülen.

GESICHTSWASCHLOTION

1		2		3		
S	+	J	+	ÄÖ	=	*Reinigt & spendet Feuchtigkeit*
Seife		*Jojobaöl*		*Teebaum*		

ZUTATEN

120 ml flüssige Olivenölseife

4 Esslöffel Jojobaöl

15 Tropfen ätherisches Teebaumöl

HERSTELLUNG: 5 Minuten | **HALTBARKEIT:** bis 6 Monate | **BEHÄLTER:** Glasflasche mit Pumpaufsatz

Die flüssige Olivenölseife und das Jojobaöl mit einem Trichter in die Flasche füllen. Das ätherische Öl zufügen und alles gut schütteln. Eine kleine Menge zwischen den Händen verreiben, auf das benetzte Gesicht auftragen und sanft massieren. Sorgfältig mit klarem Wasser abspülen. Die Flasche mit der Waschlotion vor jedem Gebrauch kräftig schütteln.

KÖRPERBUTTER

1 **KB** *Kakao-butter*	+	2 **K** *Karité-butter*	+	3 **M** *Mandelöl*	+	4 **ÄÖ** *Ätherische Öle*	=	*Pflegt & nährt*

ZUTATEN

60 g Kakaobutter
60 g Karitébutter (Sheabutter)
60 ml Mandelöl
6 Tropfen ätherisches Muskatellersalbeiöl
5–10 Tropfen ätherisches Orangenöl

HERSTELLUNG: 30 Minuten, plus 2 Stunden Abkühlzeit | **HALTBARKEIT:** bis 6 Monate
BEHÄLTER: Glas oder Dose, 200 ml, mit luftdicht schließendem Deckel

Kakaobutter und Karitébutter im Wasserbad schmelzen und verrühren. Etwas abkühlen lassen, dann das Mandelöl und die ätherischen Öle unterrühren. Abgedeckt zum Festwerden 2 Stunden in den Kühlschrank stellen. Nochmals umrühren, um die Konsistenz zu prüfen: Sie soll an Butter erinnern. In ein luftdicht schließendes Gefäß umfüllen.
Eine geringe Menge Körperbutter nach dem Duschen in die Haut einmassieren.

AUGEN-MAKE-UP-ENTFERNER

1 H *Hamamelis*	+	2 J *Jojobaöl*	=	*Entfernt Make-up & pflegt die Haut*

ZUTATEN
30 ml Hamameliswasser
30 ml Jojobaöl

HERSTELLUNG: 5 Minuten | **HALTBARKEIT:** bis 6 Monate
BEHÄLTER: kleines Glas mit Schraubdeckel

Die Zutaten mithilfe eines Trichters in ein kleines Schraubglas füllen. Kräftig schütteln. Etwas von der Mischung auf einen waschbaren Baumwolllappen geben und die Augenregion behutsam abschminken.

BABYPFLEGE OHNE CHEMIE

Handelsübliche Produkte für die Babypflege enthalten oft Zutaten, die man lieber vermeiden sollte. Hier erfahren Sie, welche toxischen Substanzen Sie meiden sollten, um ein Pflegeset zusammenzustellen, das der Gesundheit des neuen Erdenbürgers nicht schadet.

SONNENCREME

Sonnencremes für Babys enthalten oft Chemikalien wie Oxybenzon, einen Stoff mit hormonaktiver Wirkung, oder Retinylpalmitat, das als krebserregend gilt. Wählen Sie ein Produkt mit einem mineralischen Lichtschutzfaktor (Zinkoxid oder Titandioxid).

STILLBALSAM

Stillende Mütter leiden häufig an wunden, rissigen Brustwarzen. Balsam zur Linderung der Beschwerden enthält meist Lanolin, ein natürliches Fett, das Schafe absondern, um ihr Fell zu schützen. Das Lanolin kann durch Pestizide verunreinigt sein, mit denen die Schafe behandelt wurden, oder andere Chemikalien enthalten, die im Herstellungsprozess eingesetzt wurden. Weniger Risiken birgt ein Stillbalsam auf der Basis von Bienenwachs.

SEIFE & SHAMPOO

Kaufen Sie Produkte, die weder Duftstoffe noch Phthalate oder Sulfate enthalten. Alle diese Stoffe können empfindliche Babyhaut reizen.

LOTION

Die meisten Lotionen für Babys sind relativ unbedenklich. Wählen Sie möglichst Produkte, die keine synthetischen Duftstoffe und keine Erdölderivate enthalten.

WINDELCREME

Achten Sie darauf, dass das gewählte Produkt weder Farbstoffe noch synthetische Duftstoffe oder Erdölderivate enthält.

WINDELN

Ohne Windeln geht es nicht, aber sie verursachen sehr viel Müll. Verwenden Sie ein möglichst schadstoffarmes Produkt, aber selbst diese bestehen aus Vlies und Plastik. Je eher ein Kind trocken ist, desto weniger Windeln braucht es. Davon profitieren Babyhaut, Geldbeutel und Umwelt.

BABYPUDER

Puder soll Babyhaut trocken halten. Produkte auf Talkumbasis können Asbest enthalten und sind keine gute Wahl. Empfehlenswert ist Puder auf Basis von Hafermehl oder Maisstärke.

UTENSILIEN FÜR DIE BABYPFLEGE

Was für Pflegeprodukte für Babys gilt, trifft selbstverständlich auch auf das Zubehör zu: Toxische Substanzen sollten unbedingt vermieden werden. Damit der Abfallberg sich im Rahmen hält, empfiehlt es sich, beim Kauf auf Qualität und Langlebigkeit zu achten.

SCHNULLER

Der Schnuller kommt mit der Mundschleimhaut in Kontakt, darum sollte er aus gesundheitlich absolut unbedenklichen Materialien bestehen. Eine gute Wahl ist Naturkautschuk, denn er ist nachhaltig und lange haltbar. Das regelmäßige Desinfizieren des Schnullers nicht vergessen!

KAMM & BÜRSTE

Manche Babys kommen mit vielen Haaren zur Welt, andere sind fast kahl. Eine Bürste wird benötigt, um lose Flocken von Milchschorf sanft zu entfernen. Ideal ist ein Griff aus Holz mit weichen Borsten aus Ziegenhaar, vorzugsweise von einem Hersteller, der Wert auf verantwortungsvolle Tierhaltung legt. Auch beim Kamm sollten Sie sich für Holz entscheiden.

BADEENTE

Ein Bad ohne Quietschente macht keinen Spaß. Kaufen Sie eine Ente aus Naturkautschuk. Sie sollte keinesfalls ein Loch haben, denn sonst können sich im Inneren Schimmelpilze und Bakterien ansiedeln.

BEISSRING

Wie der Schnuller, so ist auch der Beißring meist im Mund des Babys. Empfehlenswerte Materialien sind Naturkautschuk, Silikon in Lebensmittelqualität oder unbehandeltes Holz.

WASCHLAPPEN

Die beste Wahl ist Biobaumwolle. Auch Waschlappen aus der Bambusfaser Lyocell sind schön weich.

BADE- UND HANDTUCH

Bade- und Handtücher aus Biobaumwolle oder Lyocell sind weich und saugfähig. Wie Waschlappen und kleine Gästehandtücher sollten sie immer griffbereit liegen.

LUFTBEFEUCHTER

Wenn Babys Husten haben, empfehlen Kinderärzte oft, nachts einen Luftbefeuchter ins Zimmer zu stellen. Wegen der Verbrühungsgefahr ist von einem konventionellen Verdampfer abzuraten. Ultraschall-Luftbefeuchter arbeiten mit kaltem Dampf und sind sicherer. Das Gerät wird mit destilliertem Wasser gefüllt und muss täglich gesäubert werden, weil Bakterien sich in Kaltverdampfern leichter ansiedeln als in Heißverdampfern.

HAFER-BADEBEUTEL

1 HF *Hafer-flocken*	+	2 L *Lavendel*	=	*Beruhigt Haut & Geist*

ZUTATEN
100 g Haferflocken
2 Esslöffel getrocknete Lavendelblüten

HERSTELLUNG: 5 Minuten | **HALTBARKEIT:** bis 6 Monate | **BEHÄLTER:** kleiner Beutel aus dünnem Nessel

Haferflocken und Lavendel in einer kleinen Schale mischen, dann in den Stoffbeutel füllen.
Den Beutel für einige Minuten ins warme Badewasser legen, anschließend kräftig ausdrücken.
Nach dem Bad den Inhalt auf den Kompost oder in die Biotonne geben.
Den Beutel ausspülen und trocknen. Danach kann er wieder verwendet werden.

MASSAGEÖL FÜR BABYS

1		2		3		
M *Mandelöl*	+	**R** *Ringel-blumenöl*	+	**ÄÖ** *Lavendel*	=	*Beruhigt & pflegt*

ZUTATEN

90 ml süßes Mandelöl
1 Esslöffel Ringelblumenöl
1 Tropfen ätherisches Lavendelöl

HERSTELLUNG: 5 Minuten | **HALTBARKEIT:** 6–12 Monate
BEHÄLTER: Schraubglas oder Glasflasche, 100 ml (evtl. mit Pumpaufsatz)

Die Zutaten mithilfe eines Trichters in das Glas oder die Flasche füllen.
Etwas Öl in den Händen verteilen und das Baby damit massieren.
Dieses Massageöl kann für Babys ab drei Monaten verwendet werden.

PFLANZEN FÜRS BAD

Wenn in Ihr Bad etwas Tageslicht fällt, fühlen Pflanzen sich dort wohl. Weil die Luftfeuchtigkeit im Badezimmer – zumindest zeitweise – recht hoch ist, gedeihen hier Grünpflanzen, vor allem tropische, besonders gut. Während der winterlichen Heizperiode werden Sie wahrscheinlich feststellen, dass die Pflanzen im Bad besser aussehen als die in den übrigen Räumen. Wichtig ist allerdings, dass dort ausreichende Luftzirkulation herrscht, denn sonst können sich auf dem Substrat Schimmelpilze ansiedeln und Ihren Pflanzen schaden. Am besten ist es, regelmäßig zu lüften. Lässt sich das Fenster nicht öffnen, stellen Sie einen Ventilator auf, den Sie zweimal wöchentlich für einige Minuten einschalten. Hier lernen Sie einige Pflanzen kennen, für die das Bad der optimale Standort ist.

WAS TUN BEI PILZBEFALL AUF DEM SUBSTRAT?
Selbst in einem gut belüfteten Badezimmer können sich wegen der hohen Luftfeuchtigkeit gelegentlich Pilzsporen auf der Substratoberfläche ansiedeln. Wenn kleine Pilze wachsen, schaden sie den Pflanzen nicht. Letztlich bleibt es Ihnen überlassen, ob Sie sie aus ästhetischen Gründen entfernen möchten. Ein weißlicher Schimmelbelag allerdings konkurriert mit den Pflanzen um Nährstoffe und sollte entfernt werden. Dazu nehmen Sie die oberste Substratschicht (ca. 1 cm) ab, sodass nichts mehr vom Schimmel zu sehen ist. Sprühen Sie das Substrat mit Niemöl ein, das ein natürliches Fungizid ist, und füllen Sie den Blumentopf mit frischem Substrat wieder auf.

GRÜNLILIE *Chlorophytum comosum*
Die Grünlilie ist dafür bekannt, dass sie einige Schadstoffe neutralisieren kann. Badezimmerklima bekommt ihr gut, sie braucht aber relativ viel Licht. Die länglichen Blätter der meisten Sorten sind gestreift. Häufig bilden Grünlilien lange Stiele, an denen Jungpflanzen (Kindel) sitzen. Manchmal erscheinen auch zierliche weiße Blüten.

Pflege: Grünlilien brauchen einen Standort mit hellem, indirektem Licht. In der prallen Sonne können ihre Blätter verbrennen. Braune Blattspitzen zeigen an, dass das Substrat zu trocken ist, und können abgeschnitten werden. Bei geringem Tageslicht gehen die Pflanzen nicht gleich ein, sehen aber nicht so gesund aus. Grünlilien eignen sich sehr gut für Ampeln. In einen Topf mit Abzugsloch pflanzen und gießen, wenn sich die Substratoberfläche trocken anfühlt.

TILLANDSIEN *Tillandsia*
Tillandsien sind Aufsitzerpflanzen und können mit ihren länglichen Wurzeln Feuchtigkeit und Nährstoffe direkt aus der Luft aufnehmen. Darin unterscheiden sie sich von Pflanzen, deren Wurzeln in der Erde wachsen. Sie sind ausgesprochen pflegeleicht, blühen aber nur einmal in ihrem Leben.

Pflege: Tillandsien fühlen sich bei hellem, aber indirektem Licht wohl. Es empfiehlt sich, sie alle 1–2 Wochen eine Stunde lang in Wasser zu tauchen und danach abtropfen zu lassen. Tillandsien werden nicht in Erde gepflanzt. Man kann sie einfach in eine Schale, einen Topf oder eine hängende Ampel legen. Die Wurzeln sind für ihr Gedeihen nicht unbedingt notwendig und können abgeschnitten werden.

FARNE *Polypodiopsida*
Farne brauchen hohe Luftfeuchtigkeit, um gut zu gedeihen, darum sind sie im Badezimmer gut aufgehoben. Es gibt viele verschiedene Arten, aber die meisten haben lange, fein gefiederte Wedel. Ein stattlicher, gesunder Farn kann in einem kleinen Raum eindrucksvoll aussehen. Empfehlenswerte Arten sind Schwertfarn *(Nephrolepis exaltata)* und Nestfarn *(Asplenium nidus)*.

Pflege: Farne stehen in der Natur meist unter Bäumen im Schatten, darum entwickeln sie sich im Haus am besten bei indirektem Licht, weil ihre feinen Blättchen durch starke Sonnenstrahlung leicht verbrennen. Das Substrat sollte nie ganz austrocknen. Es darf aber auch nicht zu nass sein, sonst könnten die Wurzeln faulen.

KÜCHE

In der Küche passiert eine Menge: Wir lagern Lebensmittel, bereiten Zutaten vor, kochen Mahlzeiten und essen sie. Ganz klar, dass hier Sauberkeit im Vordergrund steht und wir toxische Substanzen vermeiden müssen – von den Töpfen über das Wasser bis zum Raum selbst.

NICHT VERGESSEN

Es geht nicht nur um die Kochutensilien, sondern auch um die Lebensmittel. Wer Vollkorngetreide, Obst und Gemüse in Bioqualität von regionalen Erzeugern kauft und auf Saisonalität achtet, steht auf der sicheren Seite.

DAS HERZ DES HAUSES

Die Küche wird sprichwörtlich als das Herz des Hauses bezeichnet. Weil sich hier tatsächlich ein großer Teil des Lebens abspielt, ist es umso wichtiger, toxische Substanzen zu beseitigen. Wenn Sie sich Mühe geben, Vorratskammer und Kühlschrank mit gesunden, frischen, wenig bearbeiteten und schadstoff-freien Lebensmitteln zu füllen, dann liegt es doch nahe, auch gleich die Giftstoffbelastung der Vorrats-behälter, der Kochutensilien und des ganzen Raums auf ein Minimum zu reduzieren.

Es gibt viele Möglichkeiten, in der Küche gründlich sauber zu machen (im wörtlichen und im übertragenen Sinn), Müll zu vermeiden und dadurch insgesamt die Lebensqualität zu erhöhen. Auch Pflanzen fühlen sich in der Küche sehr wohl, und wenn Sie die Gewächse selbst heranziehen, brauchen Sie sich um Ihre Herkunft keine Sorgen zu machen. Ein wichtiger Schritt beim Detox-Programm in der Küche besteht darin, Putzmittel mit gesundheitsschädlichen chemischen Inhaltsstoffen durch gesündere Alternativen zu ersetzen. Bei Töpfen, Pfannen und Vorratsbehältern sollten Sie sich für langlebige, schadstoffarme Materialien entscheiden. Eins der wichtigsten Themen in diesem Kapitel ist der Müll. Naturgemäß fällt in der Küche recht viel an, es gibt aber gute Strategien, um die Menge zu verringern und um Abfälle zu recyceln. Auch die Verpflegung für unterwegs, für Schule oder Büro, lässt sich nachhaltig verpacken und transportieren.

Ob Sie nur kleine Veränderungen vornehmen – Geschirrspülmittel selbst anrühren oder Küchenpapier durch eine umweltfreundliche Alternative ersetzen – oder sich für größere Maßnahmen entscheiden, etwa das Mikrowellengerät, oder sämtliche Plastikbehälter ausmustern: Jede Maßnahme zählt.

BEDENKLICHE PUTZMITTEL

GESCHIRRSPÜLMITTEL

Handelsübliche Geschirrspülmittel enthalten chemische Stoffe, die Fett lösen, Schaum bilden oder für den »frühlingsfrischen« Duft sorgen. Leider belasten diese Chemikalien die Gesundheit und auch die Umwelt. Geschirrspülmittel wird zwar mit Wasser verdünnt, sodass sich die Schadstoffkonzentration stark verringert, aber es enthält trotzdem toxische Substanzen, die für seine Funktion nicht unbedingt notwendig sind, und die nach dem Spülen ins Abwasser gelangen. Waschsoda oder flüssige Olivenölseife bietet sich als Grundlage für verträglichere Alternativen an.

ALLZWECKREINIGER

Industriell hergestellte Putzmittel stecken meist voller Chemikalien, die Haut und Augen reizen und den Hormonhaushalt negativ beeinflussen können. Ihr »sauberer« Duft ist oft aufdringlich und vollkommen künstlich. Dem muss man sich nicht aussetzen. Mit flüssiger Olivenölseife werden Arbeitsflächen und Spüle genauso sauber, zum Desinfizieren eignet sich Essig, und für den Duft können ein paar Tropfen ätherische Öle zugesetzt werden.

DESINFEKTIONSTÜCHER

Diese Tücher sind mit einer aggressiven Lösung getränkt, in Plastik verpackt und für den Einmalgebrauch gedacht. Nach der Verwendung wandern sie in den Müll. Dabei ist eine Desinfektion nur nötig, wenn ein Familienmitglied an einer ansteckenden Krankheit leidet. Ansonsten muss in der Wohnung nichts desinfiziert werden. Im Gegenteil, durch systematische Desinfektion tragen wir eher dazu bei, dass immer neue resistente Keime entstehen. Wenn doch einmal etwas desinfiziert werden muss, verwenden Sie Essig und einschlägige ätherische Öle wie Teebaum. Sie besitzen antibakterielle, antivirale und antimikrobielle Eigenschaften und eignen sich als Ersatz für die chemische Keule.

FEUCHTE REINIGUNGSTÜCHER

Feuchte Wischtücher gibt es für den Boden, für Glas, für Leder und verschiedene andere Einsatzbereiche. Alle sind für den Einmalgebrauch gedacht und tragen – auch wegen der aufwendigen Verpackung – in hohem Maße zum Müllaufkommen bei. Außerdem sind sie mit bedenklichen Chemikalien und synthetischen Duftstoffen getränkt.

BODENREINIGER

Wie die Universalreiniger enthalten auch die Produkte zum Wischen des Fußbodens chemische Stoffe, die Reizungen der Atemwege und andere Beschwerden verursachen können. Weitaus nachhaltiger ist es, ein waschbares Bodentuch oder einen Wischmopp zu verwenden und aggressive Reinigungsprodukte durch »grüne« Alternativen zu ersetzen.

NACHHALTIGE PUTZUTENSILIEN

Viele Reinigungsutensilien für die Küche bestehen aus Plastik oder müssen oft ersetzt werden. Dabei gibt es viele langlebige und durchaus ansehnliche Alternativen, mit denen sich die Küche prima sauber halten lässt und mit denen sogar lästige Putzarbeiten ein bisschen mehr Freude machen.

SPÜLBÜRSTE

Kaufen Sie sich eine Bürste mit Holzgriff und robusten Borsten aus Pflanzenfasern. Ideal sind Bürsten, deren Kopf sich auswechseln lässt, wenn die Borsten einmal abgenutzt sind.

FLASCHENBÜRSTE

Zum Säubern von Flaschen, schlanken Gläsern und anderen Gefäßen mit einer engen Öffnung brauchen Sie eine Flaschenbürste, eventuell auch ein Set aus unterschiedlich dicken. Auch diese sollten einen Holz- oder Metallgriff und weiche Borsten aus Naturmaterial haben.

TOPFSCHRUBBER

Mit einer Messingbürste oder einem Topfschrubber aus Kupfer lassen sich hartnäckige Lebensmittelreste aus Töpfen und Pfannen entfernen. Auch Kochfeld und Spüle werden mit diesen Hilfsmitteln wieder sauber.

GESCHIRRTÜCHER

Geschirrtücher aus reiner Baumwolle oder Leinen sind die beste Wahl zum Abtrocknen von Geschirr und zum Abdecken von Schüsseln.

HAUSHALTSHANDSCHUHE

Wer beim Spülen oder Putzen die Hände schützen möchte, sollte sich für Haushaltshandschuhe aus Naturkautschuk entscheiden.

SCHWAMMWISCHER

Ein Modell ganz ohne Plastik dürfte schwierig zu finden sein. Gehen Sie auf die Suche nach einem Wischer aus verzinktem Stahl, robustem Holz oder Recyclat mit einem (Natur-)Schwamm oder einem waschbaren Wischkopf.

EIMER

Bunte Plastikeimer mögen fröhlicher aussehen, aber nachhaltiger sind Modelle aus verzinktem Metall.

GESCHIRRSPÜLMITTEL

1 Na_2CO_3 *Waschsoda*	+	2 S *Seife*	+	3 $C_3H_8O_3$ *Pflanzliches Glyzerin*	+	4 ÄÖ *Ätherische Öle*	+	5 H_20 *Wasser*	=	*Entfernt Lebensmittel-rückstände & Fett von Geschirr*

ZUTATEN

1½ Teelöffel Waschsoda
150 ml flüssige Olivenölseife
2 Teelöffel pflanzliches Glyzerin
12 Tropfen ätherisches Rosmarinöl
7 Tropfen ätherisches Zitronenöl
350 ml kochendes Wasser

HERSTELLUNG: 20 Minuten | **HALTBARKEIT:** 6 Monate | **BEHÄLTER:** Glasflasche, 500 ml, mit Pumpaufsatz

Das Waschsoda in einer Schüssel mit dem kochenden Wasser übergießen und rühren, bis es aufgelöst ist. Abkühlen lassen, dann die übrigen Zutaten einrühren. Mithilfe eines Trichters in die Pumpflasche füllen.

GLASREINIGER

1		2		3		
CH_3COOH	+	ÄÖ	+	H_2O	=	*Reinigt & erfrischt*
Essig		*Ätherische Öle*		*Wasser*		

ZUTATEN

250 ml farbloser Branntweinessig
4 Tropfen ätherisches Orangenöl
4 Tropfen ätherisches Zitronenöl
2 Tropfen ätherisches Grapefruitöl
250 ml Wasser

HERSTELLUNG: 5 Minuten | **HALTBARKEIT:** unbegrenzt | **BEHÄLTER:** Flasche, 500 ml, mit Zerstäuberaufsatz

Alle Zutaten in der Zerstäuberflasche mischen. Vor Gebrauch gut schütteln.
Den Reiniger auf die Fläche sprühen und mit einem trockenen Tuch nachwischen.

REINIGUNGSTÜCHER

S (1) *Seife* + ÄÖ (2) *Ätherische Öle* + H_2O (3) *Wasser* = *Reinigt*

ZUTATEN

2 Esslöffel flüssige Olivenölseife
4 Tropfen ätherisches Pfefferminzöl
2 Tropfen ätherisches Orangenöl
2 Tropfen ätherisches Rosmarinöl
250 ml Wasser
Dünner Baumwollstoff zum Zuschneiden

HERSTELLUNG: 5 Minuten | **HALTBARKEIT:** 1 Monat | **BEHÄLTER:** Glas mit Deckel, 1 Liter

Dünne Baumwolltücher (20 x 20 cm) in das Glas schichten.
Alle Zutaten in einer Schüssel verrühren, über die Tücher gießen und das Glas dicht verschließen.
Die Tücher sind praktisch zum Abwischen von Flecken auf der Arbeitsfläche,
auf Kühlschrankböden oder auf dem Fußboden – und wiederverwendbar.

WASSER FILTERN

Ohne Wasser geht in der Küche gar nichts. Wir brauchen es zum Spülen, zum Dämpfen von Gemüse, zum Kaffeekochen, zum Putzen, und wir trinken es auch einfach so. Wasser ist Leben, sagt man. Selbstverständlich ist es angenehm, dass wir nur den Wasserhahn aufdrehen müssen, aber die Qualität des Leitungswassers ist manchem nicht gut genug.

Wer sicher sein will, gesundes Wasser zu sich zu nehmen, sollte die Schadstoffe herausfiltern.
Hier werden die gebräuchlichsten Methoden vorgestellt.

FILTERMETHODEN FÜR TRINKWASSER

1. Eingebaute Filtersysteme: Es gibt verschiedene Systeme, die in die Wasserleitung eingebaut werden, sodass gefiltertes Wasser direkt aus dem Hahn fließt. Das meistverwendete System ist der Umkehrosmosefilter. Durch den Wasserdruck wird das Wasser durch eine Membran geleitet, die grobe Verunreinigungen herausfiltert. Danach fließt es zur weiteren Reinigung durch einen Kohlefilter. Leider braucht dieses Verfahren viel Energie und verschwendet mehr Wasser als es reinigt. Zudem entzieht es dem Wasser auch Mineralstoffe, die wertvoll für die Gesundheit sind. Um dieses Problem zu lösen, wurden Geräte erfunden, die das Wasser nach der Reinigung wieder mit Mineralien anreichern.

2. Filterkaraffen: Wer kein Filtersystem in das Rohrsystem einbauen lassen will, kann eine Filterkaraffe verwenden. Die meisten arbeiten mit einer Kombination aus Ionenaustauscher und Aktivkohlefilter. Sie reduzieren Kalk, Chlor, Blei und Kupfer, neutralisieren aber nicht alle Schadstoffe. Wichtig ist, die Gebrauchsanweisung genau zu befolgen und die Filterkartuschen sehr regelmäßig zu wechseln.

3. Kohlestäbchen: Nicht jeder möchte dauerhaft eine große Karaffe auf der Arbeitsfläche oder im Kühlschrank stehen haben. Es ist aber auch möglich, Kohlestäbchen in ein beliebiges Gefäß mit Wasser zu stecken. Die im Wasser gelösten Schadstoffe lagern sich an der Kohle ab. Die Stäbchen müssen regelmäßig in kochendes Wasser gelegt werden, um ihre Poren wieder zu öffnen. Nach einigen Monaten muss man sie ersetzen. Kohlestäbchen sind biologisch abbaubar und neutralisieren auch Gerüche, beispielsweise im Kühlschrank.

Bevor Sie sich für eine Filtermethode entscheiden, sollten Sie sich genau informieren, welche Schadstoffe in Ihrem örtlichen Leitungswasser enthalten sind. Wählen Sie dann ein System, das die gefährlichsten Stoffe eliminiert. Bedenken Sie aber auch die Kosten und die praktische Handhabung im Alltag.

AUSSORTIEREN!

Es gibt viele Wege, die Küche nachhaltiger und schadstoffärmer auszustatten. Dabei geht es nicht nur ums Putzen, sondern vor allem ums Kochen und Essen. Überall sind Änderungen möglich – kleine und größere. Einige Dinge, die Sie überdenken sollten, sind hier aufgeführt.

KLEINIGKEITEN

Vom Küchenpapier bis zu Kochlöffeln gibt es viele kleine Dinge, die Einfluss auf Gesundheit und Umwelt haben können. Viele lassen sich problemlos ersetzen.

AUFBEWAHRUNG VON LEBENSMITTELN

Prüfen Sie, wo Sie wiederverwendbare Behälter einsetzen könnten. Wachstuch zum Einwickeln lässt sich leicht selbst herstellen.

KOCHUTENSILIEN

Wenn Sie oft kochen, ist es sinnvoll, auch Töpfe, Pfannen und andere Kochgerätschaften unter die Lupe zu nehmen.

GESCHIRR

Was wissen Sie über die Herkunft Ihrer Teller und Schüsseln? Nehmen Sie sich die Zeit, sich den Inhalt des Geschirrschranks genauer anzuschauen.

ELEKTROGERÄTE

Nicht nur Elektrogroßgeräte wie Kühlschrank und Herd spielen in Bezug auf die Umwelt eine Rolle, sondern auch Kaffeemaschine und andere Kleingeräte. Erkundigen Sie sich nach dem Stromverbrauch, der Recyclingsfähigkeit und der Möglichkeit, die Geräte zu reparieren.

Lassen Sie sich von der umfangreichen Liste nicht abschrecken. Natürlich können Sie die ganze Küche umkrempeln, aber dabei fällt sofort eine Menge Müll an. Setzen Sie lieber Prioritäten. Beginnen Sie mit kleinen Schritten oder mit Maßnahmen, die Ihnen Freude machen. Danach kann es langsam weitergehen. Wenn beispielsweise die Frischhaltefolie zur Neige geht, kaufen Sie statt neuer Folie wiederverwendbare Wachstücher. Töpfe und Pfannen ersetzen Sie nach und nach, sobald es nötig wird. Überlegen Sie vor jedem Kauf, wie eine gesunde und nachhaltige Alternative aussehen kann. Alle Anregungen in diesem Buch können Sie so umsetzen, dass sie zu Ihrem Lebensstil passen.

KLEINIGKEITEN

Große Veränderungen lassen sich am einfachsten erzielen, wenn man mit kleinen Schritten beginnt. Die folgenden Dinge sind besonders leicht zu ersetzen, weil sie nicht viel kosten.

KÜCHENPAPIER

Küchenpapier ist praktisch, enthält aber oft synthetische Farb- und Duftstoffe oder Rückstände der Bleichmittel. Außerdem trägt es zum Müllberg bei und lässt sich leider nicht recyceln. Fettrückstände im Küchenpapier können in der Recyclinganlage eine komplette Charge Papier verunreinigen. Waschbare Lappen sind die beste Alternative. Wenn Sie auf Küchenpapier nicht ganz verzichten wollen, verwenden Sie eine ungebleichte Qualität ohne Farb- und Duftstoffe.

KOCHUTENSILIEN

Kochlöffel und Pfannenwender können, vor allem wenn sie schon älter sind, schädliche Chemikalien an Speisen abgeben. Sichere Alternativen sind unbehandeltes Holz oder Edelstahl. Wer das »Griffgefühl« von Plastik mag, kann auch Silikon verwenden.

SCHWÄMME

Typische Küchenschwämme bestehen normalerweise aus Kunststoff. Wenn sie als »antibakteriell« angepriesen werden, sind sie meist mit Chemikalien behandelt. Benutzen Sie lieber eine Spülbürste und ein Tuch. Praktisch sind auch Schwämme und Pads aus biologisch abbaubaren Materialien wie Jute.

SCHNEIDEBRETTER AUS KUNSTSTOFF

Von Schneidebrettern aus Plastik sollten Sie sich trennen, vor allem wenn sie bereits Schnittspuren von Messern haben. Verwenden Sie stattdessen Bretter aus unbehandeltem Holz, die mit natürlichen Ölen imprägniert sind. Das Ölen können Sie ab und an selbst wiederholen.

TEEBEUTEL

Es ist ärgerlich, dass die meisten handelsüblichen Teebeutel Kunststoffteile enthalten – ganz zu schweigen vom Inhalt, der oft mit Pestiziden belastet ist. Kaufen Sie lieber losen Tee aus nachhaltigem, pestizidfreiem Anbau und verwenden Sie einen Teefilter oder ein Tee-Ei aus Edelstahl.

TÜTEN UND OBSTVERPACKUNG AUS KUNSTSTOFF

Seit das Problem des Plastikmülls diskutiert wird, steigen immer mehr Menschen auf wiederverwendbare Einkaufstaschen um. Das ist ein guter und wichtiger Schritt. Sie können aber noch weiter gehen, indem Sie ganz auf Plastikbeutel und abgepackte Lebensmittel verzichten. Wenn Sie einige dünne Netze oder federleichte Beutel aus Tüll in der Einkaufstasche haben, können Sie lose Obst- und Gemüsesorten darin abwiegen und kaufen.

HANDGEFÄRBTES EINKAUFSNETZ

HERSTELLUNG: 2 ½ Stunden

MATERIAL:
Einkaufsnetz und dünner Obstbeutel aus Baumwolle
Färbemittel
Kochtopf aus Edelstahl
Kochlöffel aus Holz

1. Netz und Beutel müssen zuerst gewaschen werden, damit sie die Färbung annehmen.

2. Beim Färben von Baumwolle (und allen anderen Pflanzenfasern) muss ein Fixierer verwendet werden, sonst ist die Farbe nach wenigen Wäschen wieder verschwunden. Dafür eignen sich Salz, Essig oder Natron. Wenn Sie allerdings Pflanzenfarben verwenden, können Sie darauf verzichten, denn diese Farben enthalten Tannine (Gerbstoffe), die von Natur aus fixierend wirken. Zum Färben geben Sie 2 Liter Wasser in einen Edelstahltopf und lösen darin 120 g Salz auf. Netz und Beutel hineinlegen, die Mischung zum Kochen bringen und bei schwacher Hitze 1 Stunde köcheln lassen. Netz und Beutel aus dem Topf nehmen, gut ausdrücken und abkühlen lassen. Das Salzwasser weggießen, dann Netz und Beutel wieder in den Topf legen.

3. So viel frisches Wasser hinzufügen, dass Netz und Beutel bedeckt sind. Nehmen Sie einen alten Topf, denn Sie sollten ihn nach dem Färben nicht mehr für Lebensmittel verwenden. Das Färbemittel (siehe Seite 110) zufügen. Die Dosierung hängt davon ab, womit Sie färben und wie intensiv die Färbung werden soll. Die Mischung wieder zum Kochen bringen, dann 45–60 Minuten bei schwacher Hitze köcheln lassen. Auf dem Herd abkühlen lassen. Netz und Beutel aus der Färbelösung nehmen, gründlich ausspülen und zum Trocknen aufhängen.

4. Jetzt sind beide Teile gebrauchsbereit. Falls nötig, können Sie sie wie andere Baumwolltextilien waschen.

FÄRBEMITTEL
EDELSTAHLTOPF
UND
KOCHLÖFFEL
STOFFBEUTEL
EINKAUFS-
NETZ

NATÜRLICHE FÄRBEMITTEL

Beim Färben mit Naturprodukten sind die Ergebnisse etwas unberechenbar, aber das macht gerade den Reiz aus. Zwiebelschalen können beispielsweise ganz verschiedene Töne von Goldgelb bis zu blassem Orange ergeben. Experimentieren Sie mit verschiedenen Mengen des Färbemittels, unterschiedlichen Färbezeiten und Fixierern. Probieren Sie Leitungswasser und Regenwasser oder gefiltertes Wasser aus. Vor allem sollten Sie aber bereit sein, sich überraschen zu lassen.

AVOCADO (HELLES ROSA)

So erstaunlich es klingt: Schalen und Kerne von Avocados färben Textilfasern blassrosa. Für eine Färbung im Topf brauchen Sie die Schalen und Samen von drei oder vier Avocados.

ROTE BETE (ROSA)

Wer schon einmal Rote Beten zubereitet hat, kennt ihre bemerkenswerte Färbekraft. Textilien werden damit dunkelrosa bis pink. Einfach zwei oder drei Knollen in Würfel schneiden und in den Topf geben.

BROMBEEREN (VIOLETT)

Für ein Färbebad lassen Sie 250 g Brombeeren in Wasser etwa 1 Stunde bei schwacher Hitze köcheln. Die Mischung durch ein feines Sieb passieren, dann den Stoff in die Färbelösung legen. Er wird ein helles Violett annehmen.

SCHALEN VON KÜCHENZWIEBELN (ORANGE)

Die braunen Zwiebelschalen färben Stoff orange bis goldgelb. Je mehr Schalen man verwendet, desto intensiver wird die Färbung. Für ein Netz geben Sie die trockenen Schalen von drei bis fünf Zwiebeln, je nach Größe, ins Wasser.

KURKUMA (GELB)

Kurkuma ist ein Gewürz, das bei unachtsamem Gebrauch in der Küche hartnäckige orangegelbe Flecken hinterlässt. Für ein kräftig gelbes Netz geben Sie 2 Esslöffel gemahlene Kurkuma ins Wasser.

KAFFEE (BRAUN)

Jeder weiß, dass sich Kaffeeflecken nicht so leicht beim Waschen entfernen lassen. Nutzen Sie diesen Umstand doch einfach aus, indem Sie eine Kanne Kaffee kochen und ins Färbebad gießen.

LEBENSMITTEL LAGERN

Wenn wir für die Aufbewahrung unserer Lebensmittel neue Gewohnheiten entwickeln, kommen wir einer gesunden und nachhaltigen Lebensweise ein gutes Stück näher. Ein Großteil der Verpackungen für Vorräte und Reste wandert nach dem Gebrauch direkt auf den Müll. Das gilt für Alufolie, die ohnehin bedenklich ist, ebenso wie für Frischhaltefolie und die Plastikbehälter, in denen viele Lebensmittel verkauft werden. Die Kunststoffboxen, die die meisten für die Aufbewahrung zu Hause haben, lassen sich problemlos ersetzen.

Es ist gar nicht so verwunderlich, dass Plastik das bevorzugte Material für Lebensmittelbehälter ist. Es ist leicht und nahezu unverwüstlich. Für die Umwelt ist es dennoch schlecht, denn es verrottet nicht und wird für Millionen Jahre auf der Erde, im Boden und in den Meeren bleiben. Auch für die Gesundheit ist es bedenklich. Die meisten Plastikflaschen enthalten beispielsweise Weichmacher, die das Material stabilisieren und in Form halten. Sie geben aber auch chemische Stoffe wie Phthalate und BPA an die darin abgefüllten Lebensmittel ab, vor allem, wenn diese Säuren (auch Kohlensäure) enthalten oder erwärmt werden. Moderne Kunststoffe enthalten zwar kein BPA mehr, dafür aber andere Substanzen, deren Wirkung noch nicht eingehend erforscht ist. Warum sollte man hier Risiken eingehen, wenn es sichere Alternativen gibt?

Die einfachste Lösung besteht darin, die Plastikboxen durch Gläser zu ersetzen. Gläser nehmen weder Geruch noch Farbe von Lebensmitteln an, und sie geben ihrerseits keine Substanzen an ihren Inhalt ab, nicht einmal, wenn dieser heiß oder sauer ist. Sie verfremden den Geschmack ihres Inhalts nicht, sehen dekorativ aus, und man kann gut erkennen, was darin ist. Und wenn doch mal ein Glas kaputtgeht, kann es recycelt werden.

AUFGEPASST!

Achten Sie beim Kauf von Gläsern darauf, dass sie zum Tiefgefrieren geeignet sind. Wählen Sie möglichst gehärtetes Glas, weil es robuster ist. Die Deckel sollten aus Glas, Kautschuk oder Silikon bestehen. Überlegen Sie, welche Größen und Formen Ihrem Bedarf am besten entsprechen. Natürlich weiß jeder, dass es ökologisch und wirtschaftlich sinnvoll ist, Speisereste aufzubewahren, statt sie wegzuwerfen. Solche Gewohnheiten sind leichter einzuüben, wenn Sie die dafür verwendeten Behältnisse ästhetisch finden und gern benutzen.

ANDERE LANGLEBIGE, SICHERE BEHÄLTER

EINMACHGLÄSER

Einmachgläser mit luftdicht schließendem Deckel sind ausgesprochen praktisch. Ob Porridge, Smoothies, Suppen oder Gemüse: Man kann fast alles darin aufbewahren.

LUFTDICHT SCHLIESSENDE EDELSTAHLBOXEN

Auch Edelstahl ist eine gute Alternative zu Plastik. Luftdicht schließende Boxen eignen sich, um Lebensmittel zu transportieren oder einzufrieren. Da sie nicht durchsichtig sind, müssen sie genau beschriftet werden.

WIEDERVERSCHLIESSBARE SILIKONBEUTEL

Niemand bestreitet, dass Plastikbeutel mit Zip-Verschluss praktisch zum Transportieren von trockenen Lebensmitteln sind. Ähnliche Beutel gibt es aus Silikon, und sie sind weniger gesundheitsschädlich.

SILIKONDECKEL

Deckel aus flexiblem Silikon saugen sich auf den Rändern von Töpfen und Schüsseln fest und schließen luftdicht. Sie enthalten keine toxischen Substanzen, man kann sie abwaschen und immer wieder verwenden. Sie sind eine gute Lösung für kleine Küchen mit wenig Stauraum.

WIEDERVERWENDBARE WACHSTÜCHER

Frischhaltefolie gehört zu den Wegwerfartikeln, von denen Sie sich verabschieden sollten. Theoretisch kann sie recycelt werden, wenn sie sauber und trocken ist. Das ist aber in der Realität selten der Fall. Hinzu kommt, dass sie sich in mechanischen Teilen der Recyclinganlagen verklemmen und so die Verarbeitung verlangsamen kann. Frischhaltefolie enthält PVC, das bei Kontakt mit warmen Lebensmitteln schädliche Substanzen abgibt. Es gibt aber eine gute Alternative, die wenig kostet, keinen Müll verursacht, wiederverwendbar ist und ganz ähnliche Eigenschaften hat.

1, 2, 3, WACHS!

Tücher aus Leinen, Hanf oder Baumwolle, die mit Bienenwachs imprägniert sind, können Plastikfolie in vielen Fällen ersetzen. Ein Vorteil von Bienenwachs ist, dass es von Natur aus antimikrobielle Eigenschaften besitzt. Benutzen Sie Wachstücher zum Einwickeln von geschnittenem Obst und Gemüse, zum Abdecken von Schüsseln oder wie Butterbrotpapier.

Seit die Verbraucher das Thema Verpackungsmüll kritischer sehen, bieten einige Geschäfte solche Wachstücher an, teils mit fröhlichen Mustern. Man kann sie aber auch ganz leicht selbst machen. Das hat den Vorteil, dass Sie die Größe selbst bestimmen und sich einen Stoff aussuchen können, den Sie mögen. Wichtig ist nur, dass es sich um einen Naturfaserstoff handelt, der weder gebleicht noch mit synthetischen Farben bedruckt wurde. Wenn die Tücher nach einer Weile Abnutzungserscheinungen zeigen, imprägniert man sie einfach neu. Ihr einziger Nachteil besteht darin, dass sie nicht zum Einwickeln von Fisch und Fleisch verwendet werden dürfen. Falls nötig, können sie behutsam mit lauwarmem Wasser und sehr wenig Geschirrspülmittel abgewaschen werden.

WACHSTÜCHER SELBER MACHEN

HERSTELLUNG: 1 Stunde | **HALTBARKEIT:** nahzu unbegrenzt | **BEHÄLTER:** nach Belieben

MATERIAL:

Naturfaserstoff nach Wahl
Schere
Bienenwachs, möglichst Granulat
breiter Pinsel
Backblech
Lineal

1. Den Backofen auf 200 °C vorheizen. Ein Backblech mit einem Bogen Backpapier belegen.

2. Den Stoff mit der Schere in Stücke schneiden. Die Größe bestimmen Sie selbst. Sinnvoll ist es, für verschiedene Verwendungszwecke Stücke in unterschiedlichen Größen und Formen zuzuschneiden (kleine und große Quadrate und Rechtecke).

3. Bienenwachs im Block zuerst auf einer Reibe grob zerkleinern. Sie benötigen mehrere Handvoll Späne. Ein Tuch auf das vorbereitete Backblech legen und bis an den Rand gleichmäßig mit Wachsspänen oder -granulat bestreuen. Für ein Tuch von 25 × 25 cm brauchen Sie etwa 2 Esslöffel Wachs.

4. Das Blech 3–5 Minuten in den Backofen schieben. Aus dem Ofen nehmen und das flüssige Wachs mit dem Pinsel von der Mitte zu den Rändern verstreichen. Falls Stellen nicht bedeckt sind, zusätzliches Wachs dort aufstreuen und nochmals etwa 2 Minuten im Ofen erhitzen. Das Wachs wieder verstreichen.

5. Wenn das ganze Tuch mit Wachs getränkt ist, nehmen Sie es mit einer Zange oder den Händen (es kühlt schnell ab) vom Backblech. Über eine Wäscheleine oder eine Stuhllehne hängen.

6. Die restlichen Tücher ebenso imprägnieren.

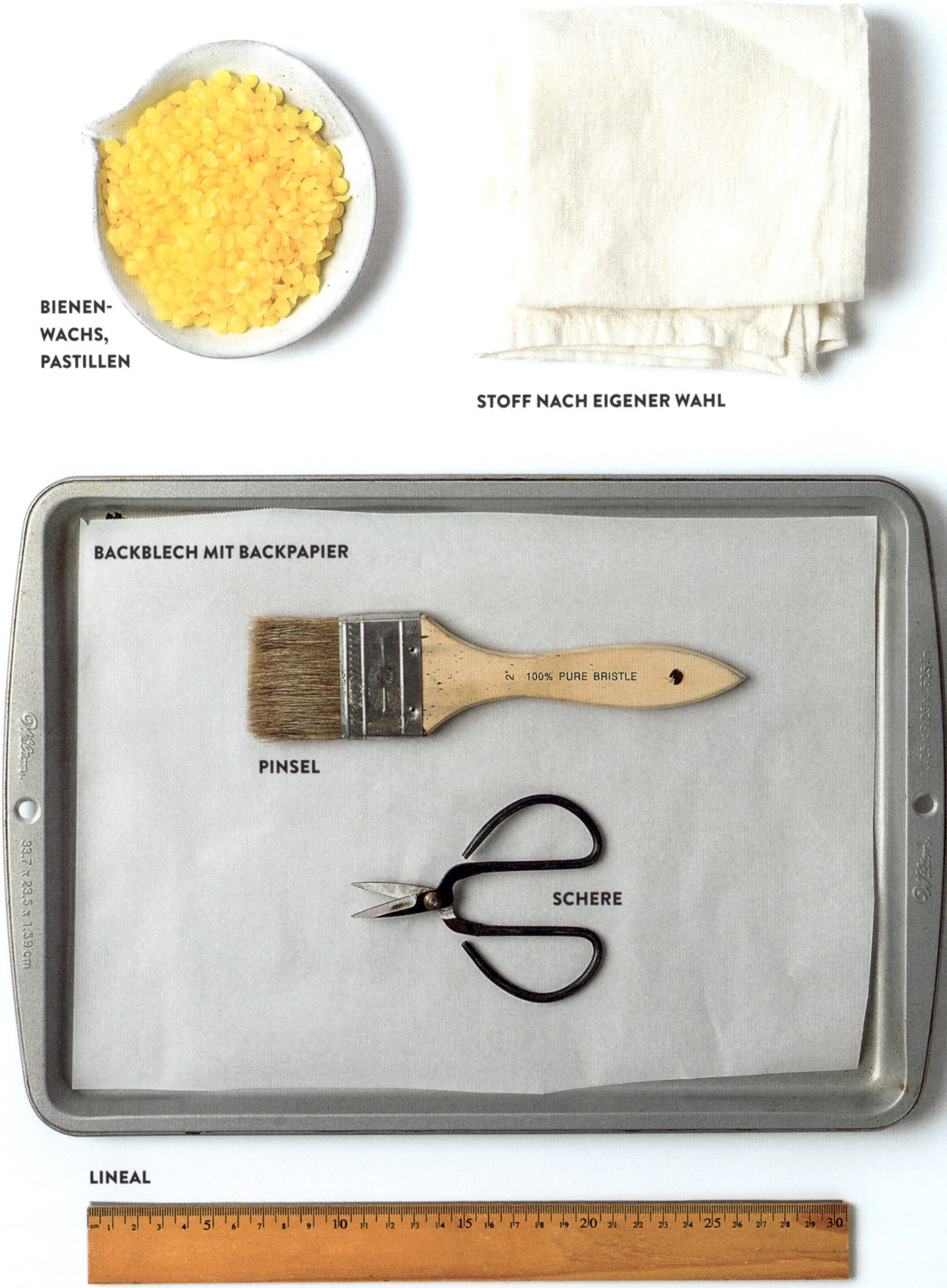
BIENEN-
WACHS,
PASTILLEN
STOFF NACH EIGENER WAHL
BACKBLECH MIT BACKPAPIER
100% PURE BRISTLE
PINSEL
SCHERE
LINEAL

TÖPFE UND PFANNEN

Wer gesund essen will, muss gesund kochen. Es nützt aber wenig, hochwertige Biozutaten zu kaufen und sie dann in Kochgeschirr aus bedenklichem Material zuzubereiten. Auch das Geschirr, das Sie zum Servieren und Essen benutzen, sollten Sie im Hinblick auf die Schadstoffbelastung genau überprüfen.

WEG DAMIT!

BESCHICHTETE PFANNEN

Töpfe und Pfannen mit Teflon-Beschichtung (Polytetrafluorethylen oder PTFE) waren in den 1960er-Jahren der Hit. Aber dann starben durch PTFE und die damit im Zusammenhang stehende Perfluoroctansäure (PFOA) zahlreiche Ziervögel (Haustiere), und Menschen klagten über grippeähnliche Beschwerden. Moderne Antihaftbeschichtungen enthalten kein PTFE mehr, dafür aber andere Materialien, über deren Auswirkungen auf die Gesundheit noch nichts Genaues bekannt ist.

ALUMINIUM

Aluminium ist ein beliebtes Material für Küchenutensilien, weil es wenig kostet und Wärme gut leitet. Wenn es aber zu stark erhitzt wird oder zur Zubereitung von säurehaltigen Speisen (zum Beispiel Tomaten) verwendet wird, kann es Partikel an die Lebensmittel abgeben. Modernes Kochgeschirr aus Aluminium ist mit einer Beschichtung versehen, die solche chemischen Reaktionen verhindern soll.

ALTERNATIVEN

GUSSEISEN

Kochgeschirr aus Gusseisen ist schwer, aber nahezu unverwüstlich. Es ist gesundheitlich unbedenklich und reichert sogar die darin zubereiteten Speisen mit Spuren von Eisen an. In gusseisernen Pfannen, die gut eingebraten sind, klebt kaum etwas an, und das ganz ohne Beschichtung. Sie werden nach dem Gebrauch nicht komplett entfettet, so können sie auch nicht rosten.

EDELSTAHL

Edelstahl eignet sich sehr gut für Kochgeschirr. Studien zufolge kann es gelegentlich kleine Mengen Nickel oder Chrom an Speisen abgeben, aber die Mengen sind so gering, dass sie keine Gefahr darstellen. Es gibt übrigens auch nickelfreien Edelstahl.

GLAS

Gefäße aus gehärtetem, hitzebeständigem Glas geben keinerlei Substanzen an ihren Inhalt ab, sie sind aber nicht so langlebig wie Kochgeschirr aus Metall.

GESCHIRR

Wenn das Detox-Programm im Topfschrank abgeschlossen ist, geht es beim Geschirr weiter. Es wäre ja sinnlos, in schadstofffreien Töpfen zu kochen und die Speisen dann auf Tellern anzurichten, die gesundheitsschädliche Chemikalien wie BPA, Phthalate oder Schwermetalle enthalten.

WEG DAMIT!

PLASTIK

Plastikteller sind unzerbrechlich und kosten wenig Geld, aber sie können toxische Substanzen an die darauf servierten Lebensmittel abgeben. Das gilt sogar für Speisen, die weder sauer noch heiß sind. Am besten trennen Sie sich möglichst bald vom Plastikgeschirr.

ALTES GESCHIRR

Erst seit den 1980er-Jahren gibt es strenge Vorschriften in Bezug auf den Bleigehalt von Geschirr. Älteres und antikes Geschirr enthält häufig Blei und andere Schwermetalle, vor allem in den Glasuren. Diese Toxine können in Lebensmittel übergehen, vor allem wenn sie Säure enthalten oder heiß sind.

STATT DESSEN

HOLZ

Geschirr aus unbehandeltem Holz ist eine gute Alternative, sollte aber aus nachhaltiger Forstwirtschaft stammen. Sein größter Nachteil besteht darin, dass es mit der Hand abgewaschen werden muss. Zweimal im Jahr sollte es mit einem natürlichen Öl behandelt werden.

KERAMIK & PORZELLAN

Trotz strengerer gesetzlicher Vorschriften in Bezug auf Blei findet man noch immer Produkte, die toxische Substanzen enthalten. Kaufen Sie möglichst Geschirr von Herstellern, die Wert auf Transparenz legen und gewährleisten können, dass keine schädlichen Stoffe verarbeitet werden.

SILIKON

Silikon ist ein ungiftiges Material, das mit Kautschuk verwandt ist. Es ist leicht, flexibel und robust. Es gibt verschiedentlich Schalen und Becher für Kleinkinder und außerdem Backformen. Da das Material nicht abbaubar ist, sollten Sie die Produkte aus Silikon so lange wie möglich benutzen.

PFLEGEBALSAM FÜR HOLZ IN DER KÜCHE

BW [1] *Bienenwachs* + **O** [2] *Olivenöl* = *Pflegt & versiegelt*

ZUTATEN

175 ml Olivenöl

55 g Bienenwachs, Pastillen

HERSTELLUNG: 15 Minuten | **HALTBARKEIT:** 1 Jahr

BEHÄLTER: Glas, 250 ml, mit großer Öffnung und dicht schließendem Deckel

Das Bienenwachs im Wasserbad schmelzen. Sobald es flüssig ist, das Olivenöl unterrühren. Falls die Mischung dabei fest wird, noch einen Moment erwärmen und gut durchrühren. In das Glas füllen. Etwas zimmerwarmes Balsam mit einem sauberen Lappen auf dem Holz verreiben, einige Minuten einziehen lassen, dann den überschüssigen Balsam abwischen.

DIE ELEKTROGERÄTE

MIKROWELLENGERÄT

Seit den 1970er-Jahren sind Mikrowellengeräte auf dem Markt, die Lebensmittel mithilfe von elektromagnetischen Wellen erwärmen. Die Geräte gelten als modern und praktisch, weil sie einfach zu handhaben sind und Zeit sparen. In mehreren Studien wurde nachgewiesen, dass von den Geräten selbst keine Gefahr für die Gesundheit ausgeht. Ganz anders sieht es aber mit den Gefäßen aus, die zum Aufwärmen verwendet werden. Kunststoffbehälter geben oft BPA oder Phthalate ab, also hormonaktive Substanzen. Bei Schüsseln aus Glas oder Porzellan besteht diese Gefahr nicht.

GESCHIRRSPÜLMASCHINE

Es hat etwas Meditatives, den Abwasch von Hand zu erledigen, aber manchmal ist es einfacher und geht schneller, alles in die Spülmaschine zu stellen. Allerdings sind die Körbe mancher Geräte mit PVC beschichtet. Besser ist es, ein Modell mit Nylonkörben zu wählen. Achten Sie auch auf die Energieeffizienzklasse. Außerdem ist es gar nicht so einfach, ein Spülmittel ohne schädliche Inhaltsstoffe zu finden. Produkte mit synthetischen Duft- und Farbstoffen sollten Sie meiden.

KÜHLSCHRANK

Die Unterschiede zwischen den verschiedenen Modellen sind relativ gering, ebenso wie die von ihnen ausgehende Schadstoffbelastung. Achten Sie auch hier auf die Energieeffizienzklasse. Moderne Kühlgeräte sind mit allerlei Sonderfunktionen ausgerüstet. Bedenken Sie, dass die einfacheren Modelle ein niedrigfrequentes elektromagnetisches Feld aufbauen. Über die Auswirkungen solcher Strahlungsfelder auf den Menschen sind die Wissenschaftler unterschiedlicher Meinung, es kann aber nicht schaden, wenn man sich Strahlungen nicht unnötig übermäßig aussetzt.

HERD

Wie bei Kühlgeräten sind auch bei Herden die Unterschiede relativ gering. Gas- und Elektroherde haben ihre spezifischen Nachteile. Wenn Sie erneuerbare Energie beziehen, ist ein Elektroherd in Ordnung, ansonsten empfiehlt sich ein Gasherd, weil er weniger CO_2 produziert. Andererseits können Gasherde kleine Mengen Stickstoffdioxid, Kohlenmonoxid und Formaldehyd abgeben. Selbstreinigende Backöfen sollte man lieber von Hand säubern, weil bei den hohen Temperaturen, die für den automatischen Reinigungsprozess nötig sind, toxische Substanzen entstehen können.

KLEINGERÄTE

Versuchen Sie bei Kleingeräten (Kaffeemaschine, Mixer), Kunststoff weitgehend zu meiden und Edelstahl oder Glas zu bevorzugen. Kapsel-Kaffeemaschinen mögen praktisch sein, produzieren aber enorme Mengen Müll. Besser ist ein Modell mit traditionellen, kompostierbaren Filtertüten oder ein Vollautomat, da fällt nur kompostierbarer Kaffeesatz an. Bei elektrischen Küchengeräten mit Plastikteilen sollten Sie darauf achten, dass sie weder BPA noch PVC oder Phthalate enthalten.

DAS MÜLLPROBLEM

Die Müllmenge, die in unserer Konsumgesellschaft anfällt und als »normal« betrachtet wird, ist erschreckend. Das betrifft vor allem den Lebensmittelbereich. Nahezu alles ist verpackt, manchmal sogar Obst oder Gemüse, das einzeln verkauft wird, also eine Salatgurke oder eine Pomelo. Der Abfall, der bei einer kleinen Mahlzeit »to go« entsteht, füllt leicht einen kleinen Müllbeutel. Selbst größere Gegenstände werden heute wie Wegwerfprodukte angesehen. Gerade bei technischen Geräten kommt es häufiger vor, dass sie wenige Wochen nachdem sie auf den Markt kamen, schon überholt sind. Eine von der Europäischen Union in Auftrag gegebene Studie hat ergeben, dass im Jahr 2017 jeder Europäer durchschnittlich 487 kg Müll produziert hat. Können Sie sich vorstellen, wie viel das ist? Wahrscheinlich nicht, weil unser Müll pünktlich und regelmäßig abgeholt und oft in andere Länder verschifft wird, damit wir uns nicht mit ihm auseinandersetzen müssen. Trotzdem beansprucht der Müll jedes Jahr mehr Platz auf der Erde, wird an Stränden angespült oder verschmutzt die Luft. Die Menge nimmt stetig zu, und unsere Meere drohen am Müll zu ersticken.

Glücklicherweise beginnen viele Menschen bereits umzudenken, und Recycling ist nicht mehr die Ausnahme, sondern wird zunehmend selbstverständlicher. Der Handel bietet mehr Produkte aus recycelten Rohstoffen an, Verbraucher besinnen sich aufs Kompostieren, und die Zero-Waste-Bewegung hat regen Zulauf. Sie denken vielleicht, dass es wenig bewirkt, wenn einzelne Menschen ihr Verhalten ändern, aber das stimmt nicht, denn sie können damit andere zum Umdenken bewegen, sodass allmählich ein Schneeballeffekt entsteht. Im Folgenden finden Sie einige Tipps zur Abfallvermeidung. Sprechen Sie mit Freunden, Verwandten und Kollegen darüber. Vielleicht können Sie andere anstecken.

ABFALL VERMEIDEN

UNVERPACKTE PRODUKTE

Wir Verbraucher können mit unserem Kaufverhalten Einfluss auf die großen Konzerne nehmen. Je mehr Verbraucher beim Einkauf zu Großmengen und möglichst wenig verpackten Produkten greifen oder Waren von Herstellern bevorzugen, deren Verpackungen aus recycelten Materialien bestehen, desto größer ist die Wahrscheinlichkeit, dass die Industrie ihre Verpackungsgewohnheiten ändert.

NACHHALTIGE PRODUKTE

Bevorzugen Sie Produkte von »grünen« Unternehmen, die schon bei der Herstellung Wert darauf legen, unnötigen Müll zu vermeiden und ihren Kohlendioxidausstoß zu verringern.

LANGLEBIGE PRODUKTE

Ein handwerklich hergestelltes Schneidebrett aus Holz wie Nussbaum, Ahorn oder Teak ist zweifellos teurer als ein Plastikschneidebrett aus dem Ein-Euro-Laden. Es hält aber wesentlich länger und sieht auch schöner aus.

REPARIEREN STATT WEGWERFEN

Wenn etwas kaputtgeht, neigen wir dazu, es wegzuwerfen. Wir sollten aber lieber überlegen, ob man den Schaden reparieren oder ein Ersatzteil beschaffen kann. Vielleicht lässt sich der defekte Gegenstand auch für einen anderen Zweck sinnvoll umfunktionieren.

EINWEGPRODUKTE VERMEIDEN

Beobachten Sie einmal genau, wie viele Einwegprodukte Sie täglich benutzen. Sind die wirklich alle notwendig? Brauchen Sie den Trinkhalm in Ihrem Glas Wasser? Wahrscheinlich nicht. Kauft man im Imbiss Essen zum Mitnehmen, werden oft automatisch Plastikbesteck und Papierservietten mit in die Tüte gelegt. Beides sollten Sie nicht mitnehmen, wenn Sie ohnehin zu Hause essen wollen.

MEHRWEG-KAFFEEBECHER ANSCHAFFEN

Viele Becher für Coffee to go sehen aus, als bestünden sie aus recycelbarer Pappe. Das ist aber falsch, denn Pappe wäre nicht wasserdicht. Darum sind die Becher mit Polyethylen beschichtet, einem Kunststoff, der schwierig zu recyceln ist, vor allem im Verbund mit Pappe. Wenn Sie regelmäßig auf dem Weg, zum Beispiel zur Arbeit, einen Kaffee trinken, schaffen Sie sich einen Mehrwegbecher an. Viele Verkaufsstellen bieten Kunden, die ihren eigenen Becher mitbringen, sogar einen Rabatt an.

SAUBER TRENNEN

Elektronische Geräte, Batterien, Farben oder Glühlampen sind Sondermüll und gehören nicht in die Hausmülltonne. Sie enthalten toxische Substanzen, die der Umwelt schaden. Recyclinghöfe oder Annahmestellen für Sondermüll gibt es in jeder Gemeinde. Batterien nimmt jede Verkaufsstelle zurück.

ZERO-WASTE-SET FÜR UNTERWEGS

Wenn man sich unterwegs etwas zu essen besorgt, wird man meistens mit Einwegverpackungen, Plastikbesteck und anderen Wegwerfartikeln überschüttet. Das muss nicht sein, wenn man ein kleines Set wiederverwendbarer Utensilien dabei hat. Hier einige praktische Empfehlungen.

BECHER

Schaffen Sie sich einen Becher mit fest schließendem Deckel an, der sich für heiße und kalte Getränke eignet. Die Größe sollte unbedingt Ihren Trinkgewohnheiten entsprechen. Dann sind Sie immer gerüstet, ob Ihnen nun der Sinn nach einem Kaffee oder einem frisch gepressten Saft steht.

TRINKHALM AUS EDELSTAHL

Wenn Sie tatsächlich gern einen Trinkhalm benutzen, kaufen Sie einen aus Edelstahl. Er lässt sich gut reinigen, und Sie kommen nicht in Versuchung, Plastiktrinkhalme mitzunehmen.

STOFFSERVIETTE

Eine Stoffserviette ist praktisch, um sich nach dem Essen Mund und Hände abzuwischen. Sie können auch (trockene) Reste darin einwickeln.

BESTECK

Wer Löffel, Gabel und Messer bei sich hat, kann auf Plastikbesteck immer verzichten.

STOFFBEUTEL

Nehmen Sie zum Einkaufen einen leichten Stoffbeutel (oder zwei) mit. Dann brauchen Sie keine Papiertragetasche zu kaufen.

SCHRAUBGLAS ODER BOX MIT DECKEL (AKA DOGGY BAG)

Schon wegen des Gewichts oder des Volumens möchte sicher niemand ständig ein größeres Schraubglas oder eine Edelstahldose mit sich herumtragen. Wenn Sie aber auswärts essen gehen und schon damit rechnen, dass etwas übrig bleibt, etwa weil die Portionen dort immer großzügig sind oder Sie nur kleine Mengen schaffen, sollten Sie gerüstet sein. Sie wollen die Reste sicher nicht in Einwegverpackungen mit nach Hause nehmen.

TRINKFLASCHE

Wer eine Trinkflasche bei sich hat, braucht weder Durst zu leiden noch Wasser in Plastikflaschen zu kaufen, zumal Trinkwasserbrunnen im öffentlichen Raum auf dem Vormarsch sind und die Refill-Initiative – vor allem in Großstädten – mit Aufklebern auf sich aufmerksam macht.

BESSER RECYCELN

NICHT RECYCELN

Die beste Art zu recyceln besteht darin, gar nicht zu recyceln. Das klingt widersinnig? Im Grunde bewirkt die Tatsache, dass wir recyceln können, keine langfristige Verringerung des Müllbergs, weil sie uns nicht wirklich zwingt, von Anfang an auf Nachhaltigkeit zu achten. Wir reden uns ein, dass unser Müll nicht so schlimm ist, wenn er recycelt wird. Wir kaufen weiter Wasser in Plastikflaschen und bringen sie zurück in den Laden, weil wir denken, danach würden daraus neue Plastikflaschen. Die Müllmenge wird aber dadurch nicht geringer. Wenn wir jedoch eine Trinkflasche verwenden, fällt über sehr lange Zeit gar kein Müll an. Leider lässt sich das Prinzip der Wiederverwendung nicht auf alle Produkte übertragen.

RECYCELTE PRODUKTE KAUFEN

Recycling allein genügt nicht. Ein geschlossener Kreislauf entsteht erst, wenn wir auch Produkte aus recycelten Materialien kaufen, beispielsweise Toilettenpapier oder Schulhefte.

RICHTIG TRENNEN

Grundsätzlich lassen sich Stoffe nur recyceln, wenn sie sauber sind. Bevor man einen Verpackungskarton in den Papiercontainer wirft, müssen darum alle Elemente entfernt werden, die nicht aus Pappe bestehen, etwa Klebeband. Papiertaschentücher und Thermopapier (z. B. Kassenzettel) eignen sich gar nicht zum Recycling und gehören in die Restmülltonne (Papiertaschentücher dürfen in die Biotonne oder auf den Kompost). Damit ein Joghurtbecher und sein Aluminiumdeckel recycelt werden können, muss der Verbraucher sie komplett voneinander trennen, denn das können die Maschinen in Recyclinganlagen nicht. Glas muss für optimales Recycling nach Farben sortiert sein. Flaschen können aber samt Deckel in den Glascontainer geworfen werden.

IN GRÖSSEREN DIMENSIONEN DENKEN

Nicht nur Verpackungen können recycelt werden. Wer Regenwasser auffängt, braucht beispielsweise für den Garten kein Leitungswasser zu verwenden. Das schont die Umwelt und spart auf Dauer Kosten. Theoretisch ist es sogar möglich, die Sanitärinstallation so zu modifizieren, dass das Abflusswasser aus Dusche und Badewanne (das sogenannte Grauwasser) noch einmal für die Toilettenspülung benutzt wird. Obst- und Gemüseabfälle sowie andere ungekochte Lebensmittelabfälle pflanzlichen Ursprungs brauchen nicht in die Mülltonne zu wandern, wenn man sie selbst kompostiert. Mehr dazu auf der nächsten Seite.

KOMPOSTIEREN

Eine sehr einfache Methode, Müll zu reduzieren, ist die Kompostierung. Viele organische Abfälle, von Gemüseabfällen über Kaffeesatz und Teebeutel bis zu Unkraut (bevor es Samen bildet) und Rasenschnitt werden dabei zu wertvoller organischer Substanz, die sich hervorragend für den Garten eignet. Kompost verbessert das Wasserspeichervermögen des Bodens und lockert ihn auf. Er versorgt die Pflanzen mit wichtigen Nährstoffen, und kräftige Pflanzen sind widerstandsfähiger gegen Krankheiten und Schädlinge. Wer kompostiert, vermeidet also nicht nur Müll, sondern produziert etwas Nützliches.

WAS KANN KOMPOSTIERT WERDEN?

Im Grunde kann alles kompostiert werden, das einmal aus der Erde gewachsen ist. Dazu gehören beispielsweise Schalen und andere Abfälle von Obst und Gemüse. Ebenfalls kompostierbar sind zerdrückte Eierschalen, Kaffeesatz samt Filtertüten, Teebeutel (sofern aus Papier und ohne Klammern), Nussschalen (außer Walnussschalen, denn sie geben Stoffe ab, die manchen Obst- und Gemüsesorten schaden können). Hart gewordenes Brot, (unverarbeitete) Frühstücksflocken, Cracker, Pasta und gekochter Reis eignen sich zur Kompostierung, und sogar einige Sorten Papier in geringen Mengen, beispielsweise Zeitung, Papiertüten vom Markt, Papierservietten, -taschentücher und Küchentücher (sofern sie nicht mit Fett oder Fleischrückständen verunreinigt sind).

DAS GEHÖRT NICHT AUF DEN KOMPOST

Tierische Produkte wie Fleisch und Fisch sollten Sie keinesfalls auf den Kompost werfen, weil sie Ratten anlocken. Das gilt auch für Milchprodukte wie Joghurt, Käse oder Butter. Exkremente von Hunden und Katzen sollten Sie ebenfalls nicht kompostieren, denn sie können Parasiten enthalten, die den Gartenpflanzen schlecht bekommen. Beschichtetes Papier, beispielsweise von Zeitschriften, verrottet auf dem Kompost nicht. Alte Briefumschläge können kompostiert werden, wenn Sie vorher das Plastikfenster herausreißen.

KEIN PLATZ FÜR EINEN KOMPOST?

Wer nicht die Möglichkeit hat, einen eigenen Kompost (offen oder Thermokomposter) im Garten anzulegen, kann in den meisten Gemeinden eine spezielle Mülltonne für Bioabfälle bestellen. Diese Abfälle werden dann in einer Großkompostierungsanlage behandelt, darum dürfen hier oft auch Gekochtes und tierische Abfälle entsorgt werden. Sie können Ihren Bioabfall auch sammeln und einem Nachbarn geben, der einen Komposter hat. Außerdem gibt es in manchen Städten Gemeinschaftsgärten, in denen man seine Bioabfälle abgeben kann. Wer eine Terrasse oder einen größeren Balkon hat, kann es mit einer Wurmkiste versuchen. Die Würmer verarbeiten Küchenabfälle in hochwertigen Wurmkompost, der für Zimmer- und Balkonpflanzen verwendet werden kann.

EINEN KOMPOST ANLEGEN

1. Zuerst muss der richtige Platz gefunden werden. Der Komposter sollte nicht zu schattig stehen, denn Sonnenwärme beschleunigt die Rotte. Die Biomasse darf aber auch nicht komplett austrocknen, dann stockt der Verrottungsprozess.

2. Fertige Komposter kann man im Gartencenter kaufen. Länge, Breite und Höhe sollten jeweils etwa 1 Meter betragen. Alternativ können Sie den Komposter selbst bauen, beispielsweise aus Brettern, Maschendraht oder alten Paletten.

3. Bei den kompostierbaren Materialien wird zwischen grünen und braunen Bioabfällen unterschieden. Grüne Abfälle enthalten viel Stickstoff. Zu dieser Kategorie gehören Obst- und Gemüseabfälle, Eierschalen, Kaffeesatz und Rasenschnitt. Braune Bioabfälle wie Zeitung oder Herbstlaub enthalten viel Kohlenstoff. Er dient den Mikroorganismen im Komposthaufen als Nahrung und beschleunigt so die Zersetzung der gesamten Biomasse. Damit die Rotte optimal verläuft, sollte das Verhältnis von grünen und braunen Abfällen 2:1 betragen.

4. Wichtig sind außerdem Wasser und Sauerstoff. Um sicherzustellen, dass beides in ausreichendem Maß vorhanden ist, sollten Sie den Kompost einmal wöchentlich mit einer Grabegabel wenden oder wenigstens an mehreren Stellen auflockern und lüften. Wenn er sehr trocken wirkt, begießen Sie ihn oder fügen feuchte Bioabfälle hinzu. Sieht er sehr feucht und klebrig aus, mischen Sie braune Abfälle unter oder decken ihn in einer regnerischen Phase ab.

5. Behalten Sie den Kompost im Blick. Er sollte wie guter Waldboden riechen, also keinesfalls faulig. Wenn alle Bioabfälle zersetzt sind, sieht er aus wie dunkle Erde und kann verwendet werden. Nach Belieben kann er vorher noch gesiebt werden. Verteilen Sie ihn auf Gemüse- und Blumenbeeten oder mischen Sie etwas Kompost unter das Substrat von Zimmerpflanzen. Natürlich können Sie auch Freunden etwas von Ihrem hochwertigen Kompost abgeben.

ZIMMERPFLANZEN FÜR DIE KÜCHE

Die Küche bietet sehr gute Wachstumsbedingungen für Zimmerpflanzen. Die meisten Küchen haben reichlich Tageslicht, und Wasser zum Gießen ist stets zur Hand. Das ist deshalb praktisch, weil es in der Küche oft wärmer ist als in anderen Zimmern, sodass die Pflanzen öfter gegossen werden müssen. Die hier vorgestellten Arten sind ausgesprochen robust. Wärme macht ihnen nichts aus, und wenn sie Wasser brauchen, sieht man es ihnen an. Einige haben einen hängenden Wuchs und eignen sich darum gut für Ampeln oder einen Platz auf einem höher gelegenen Regal. Wenn Sie eine sonnige Fensterbank haben, könnten Sie dort auch frische Küchenkräuter ziehen. Egal, wofür Sie sich entscheiden: Pflanzen machen die Küche einladend.

DIE SACHE MIT DER DRAINAGE
Blumentöpfe für Zimmerpflanzen müssen immer ein Loch im Boden haben, damit überschüssiges Gießwasser ablaufen kann. Wenn sich im unteren Bereich des Topfs Wasser sammelt, beginnen die Wurzeln zu faulen. Außerdem kann das stehende Wasser Schädlinge anlocken oder Schimmelbefall begünstigen, was für Allergiker problematisch sein kann. Untersetzer regelmäßig ausleeren.

EFEUTUTE *Epipremnum aureum*
Diese kletternde Pflanze hat meist grün-weiß panaschierte Blätter und besitzt die Fähigkeit, Schadstoffe zu neutralisieren. Sie ist sehr pflegeleicht und eignet sich gut für Hydrokultur. Wenn man sich an die Wasserstandsanzeige hält und nur gießt, wenn der Anzeiger unten ist, ist die Efeutute nahezu unverwüstlich, eignet sich also perfekt für Menschen ohne grünen Daumen. Außerdem kostet sie nicht viel.

Pflege: Die Efeutute gedeiht bei fast allen Lichtverhältnissen, nur pralle Sonne mag sie nicht. Falls sie in gewöhnlichem Substrat steht, darf dieses nicht zu nass sein, damit die Wurzeln nicht faulen. Am besten gießt man sie erst, wenn das Substrat ganz trocken ist und die Blätter schon etwas schlaff aussehen. Wer ein Haustier hat, sollte wissen, dass die Blätter giftig sind.

GLANZKÖLBCHEN *Aphelandra squarrosa*
Mit ihren weiß geäderten Blättern ist diese Pflanze aus den Tropen ein Hingucker. Im Herbst oder Winter trägt sie außerdem leuchtend gelbe Blüten, die bis zu sechs Wochen lang halten.

Pflege: Das Glanzkölbchen steht gern hell, aber nicht in der prallen Sonne. Es braucht fast täglich Wasser, denn das Substrat darf nie austrocknen. Wenn die Blätter welken, ist das ein Zeichen dafür, dass die Pflanze Durst hat. Weil das Glanzkölbchen Wärme liebt, fühlt es sich in der Küche sehr wohl. In den heißen Monaten sollten Sie daran denken, dass es auch hohe Luftfeuchtigkeit benötigt.

FLAMINGOBLUME *Anthurium sp.*
Flamingoblumen sehen prächtig aus, brauchen aber etwas mehr Zuwendung, damit ihre länglichen Blätter kräftig grün bleiben und schön glänzen. Als Gegenleistung reinigen sie die Luft und bilden regelmäßig Blüten mit Hochblättern in Rot oder Rosa, die bis zu drei Monaten halten.

Pflege: Die Flamingoblume braucht einen hellen Platz, verträgt aber keine pralle Sonne. Kälte mag sie nicht. Im Winter muss sie zweimal wöchentlich gegossen werden, im Sommer nur einmal.

KÜCHENKRÄUTER

Wenn Sie weder Garten noch Balkon besitzen und trotzdem gern ab und zu frische Minze für einen Cocktail hätten, können Sie Kräuter auf der Fensterbank ziehen. Das macht Spaß und bereichert das Küchenrepertoire. Wer Geduld hat, kauft Samen und sät sie in Kästen oder Töpfe. Schneller und einfacher geht es mit fertigen Töpfen aus dem Gartencenter.

JUNGPFLANZEN

1. Kaufen Sie im Gartencenter Kräuterpflanzen, die frisch und kräftig aussehen.

2. Sie brauchen einen Pflanzkasten, der mindestens 15 cm hoch ist und Platz für mehrere Kräuter bietet. Wenn Sie einzelne Töpfe verwenden möchten, gilt dieselbe Höhe. Jeder Topf braucht im Boden ein Loch und einen Untersetzer.

3. Geben Sie zuerst etwas groben Kies in das Pflanzgefäß. Der Kies ist wichtig für die Drainage.

4. Darauf geben Sie eine 5–7,5 cm hohe Schicht Pflanzsubstrat.

5. Halten Sie die gekaufte Pflanze schräg und rütteln Sie leicht am Topf, damit sich die Wurzeln lösen. Dann kann der Wurzelballen ins neue Gefäß gesetzt werden. Wenn Sie einen größeren Kasten verwenden, wiederholen Sie diesen Vorgang mit den übrigen Kräutern. Zwischen den einzelnen Pflanzen müssen einige Zentimeter Platz frei bleiben, damit sie wachsen können. Die Kräuter, die gemeinsam im Kasten stehen, sollten sich in Bezug auf ihre Ansprüche an Wasser und Licht möglichst ähnlich sein.

6. Zuletzt Substrat in die Zwischenräume füllen und vorsichtig andrücken. Der Topf oder Kasten sollte aber nur bis 2,5 cm unter dem Rand gefüllt werden, damit beim Gießen nichts überläuft. Leicht gießen.

ANZUCHT AUS SAMEN

1. Kaufen Sie Kräutersamen und kleine Blumentöpfe für die Anzucht, etwa aus Kokosfaser. Wenn die Samen gekeimt haben, müssen die Pflänzchen in größere Töpfe umgepflanzt (pikiert) werden. Wer Plastik vermeiden will, kann für die Anzucht auch Eierkartons oder Töpfchen aus Altpapier verwenden.

2. Das Anzuchtsubstrat gießen und gut mischen.

3. Das feuchte Substrat bis 2,5 cm unter dem Rand in die Töpfe füllen. Auf das Substrat jeweils 3 bis 5 Samen derselben Art legen. Wiederholen Sie diesen Vorgang mit allen Kräutern, die Sie ziehen möchten.

4. Auf die Samen eine sehr dünne Schicht feuchtes Substrat geben und vorsichtig andrücken. Bitte auch die Hinweise auf der Samentüte lesen und beachten! Nochmals leicht gießen.

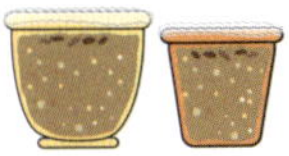

5. Zum Keimen brauchen die Samen Wärme und eine hohe Luftfeuchtigkeit. Die einfachste (wenn auch nicht die umweltfreundlichste) Lösung besteht darin, die Töpfe mit Frischhaltefolie abzudecken.

6. Die Töpfe an einen warmen Platz stellen. Da sie jetzt noch nicht viel Licht benötigen, könnten Sie auch auf dem Kühlschrank oder an einem anderen zugluftfreien Platz stehen.

7. Wenn sich die ersten Keimblättchen zeigen, die Folie abnehmen und die Töpfe an einen hellen, aber nicht sonnigen Platz stellen. Das Substrat feucht halten.

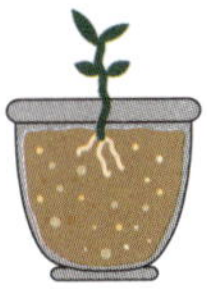

8. Wenn die Sämlinge etwa 5 cm groß sind, werden sie in Töpfe umgepflanzt. Danach orientieren Sie sich an den Hinweisen auf Seite 134.

KÜCHENKRÄUTER FÜR DIE FENSTERBANK

Nicht alle Küchenkräuter gedeihen im Haus gleich gut. Kräuter, auch andere als die hier erwähnten, aus Baumschulen halten meist länger und wachsen besser als schnell vorgetriebene Kräuter, die man häufig im Supermarkt bekommt.

MINZE

Minze wächst schnell, braucht nicht viel Licht, und die Blätter eignen sich für viele Speisen und Getränke (Salate, Fisch, Cocktails und Desserts). Weil sie zum Wuchern neigt, sollte man sie in einen separaten Topf pflanzen.

SALBEI

Frische Salbeiblätter schmecken gut in Pastagerichten, Saucen und zu Fisch. Salbei braucht viel Sonne und bevorzugt einen eher trockenen Boden.

THYMIAN

Frischer Thymian sollte erst kurz vor dem Servieren an Suppen und Saucen gegeben werden, weil er beim Mitkochen sein Aroma verliert. Sie können ihn auch für Kräuterbutter verwenden. Er braucht einen sonnigen Platz und bevorzugt einen eher trockenen Boden.

SCHNITTLAUCH

Dass Schnittlauch zur Zwiebelfamilie gehört, erkennt man am Geruch und am Geschmack. Er schmeckt angenehm in Salaten und Suppen, aber auch zu Ofenkartoffeln im Kräuterquark. Er braucht einen sonnigen Standort. Das Substrat sollte eher feucht gehalten werden.

ROSMARIN

Rosmarin in der Küche zu ziehen lohnt sich schon wegen seines herrlichen Dufts. Das Kraut aus dem Mittelmeerraum kann zum Aromatisieren von Olivenöl oder zum Würzen von Ofengemüse und -kartoffeln verwendet werden. Cocktails gibt es einen interessanten, harzigen Geschmack. Er braucht viel Sonne und eher wenig Feuchtigkeit.

MINZE

SALBEI

THYMIAN

SCHNITTLAUCH

ROSMARIN

SCHLAFZIMMER

Gerade im Schlafzimmer, wo wir uns regenerieren wollen, brauchen wir eine gesunde, entspannte Atmosphäre. Schadstoffe sind da fehl am Platz.

DER NACHTTISCH ALS WELLNESSINSEL
Stellen Sie auf dem Nachttisch einige Kleinigkeiten bereit, die Ihnen dabei helfen, gut ein- und durchzuschlafen und am Morgen frisch aufzuwachen: eine Karaffe gefiltertes Wasser gegen den Durst, Ihre liebsten ätherischen Öle, einen konventionellen Wecker (kein Smartphone) und ein gutes Buch (kein Tablet oder eReader). Mehr ist nicht notwendig.

EIN ORT DER RUHE

Im Idealfall ist das Schlafzimmer die private Erholungszone. Hier regenerieren wir und tanken neue Energie. Es ist der erste Raum, den wir sehen, wenn wir morgens aufwachen, und der letzte, wenn wir den Tag beenden. Wahrscheinlich ist es der Raum, in dem wir jeden Tag mehr Zeit verbringen als in anderen Räumen der Wohnung – zumindest wenn wir uns ausreichend Schlaf gönnen. All das sind gute Gründe dafür, toxische und umweltschädliche Stoffe aus dem Schlafzimmer zu verbannen. Dann fällt es auch leichter, gesunde Schlafgewohnheiten einzuüben.

Wie in den übrigen Räumen können Sie mit kleinen Veränderungen beginnen (zum Beispiel Paraffinkerzen durch Bienenwachskerzen austauschen) oder größere Schritte in Angriff nehmen (eine umweltfreundliche Matratze anschaffen oder Kleidung aus synthetischen Materialien aussortieren). Ein guter Anfang ist auch, die Reinigungsprodukte unter die Lupe zu nehmen und solche mit bedenklichen Inhaltsstoffen durch gesündere Alternativen zu ersetzen. Gerade im Schlafzimmer ist gute Luft sehr wichtig. Dafür bieten sich Zimmerpflanzen und ätherische Öle an. Überlegen Sie auch, wie viel Zeit Sie hier mit elektronischen Geräten beschäftigt sind, und reduzieren Sie die Benutzung bei Bedarf. All das wird Ihnen helfen, abends zur Ruhe zu kommen. Versuchen Sie einmal herauszufinden, aus welchen Materialien Ihre Matratze, Bettwaren und Bettwäsche oder Ihre Kleidung bestehen. Wahrscheinlich bekommen Sie dabei Lust auf weitere Veränderungen. Bei Neuanschaffungen sollten Sie Qualität und Nachhaltigkeit gründlich prüfen.

In diesem Kapitel geht es auch um Kinder(schlaf)zimmer, die bei der Vermeidung von Schadstoffen Priorität haben sollten. Von den Farben und Möbeln über Kleidungsstücke bis hin zu Spielzeug: Alles, womit die Kleinen in Berührung kommen, sollte mit Sorgfalt ausgewählt sein, und das gelingt am besten, wenn man gut informiert ist.

Fangen Sie mit kleinen Maßnahmen an, die Ihnen leichtfallen. Vielleicht möchten Sie das eine oder andere Stück ersetzen oder bei der Reinigung ab sofort bewusst auf Giftstoffe verzichten. Es kann Freude machen, das Schlafzimmer ganz bewusst in eine Oase der Erholung zu verwandeln.

BEDENKLICHE PUTZMITTEL

TEPPICHREINIGER

Reinigungsmittel für Teppiche und Auslegware enthalten fast immer synthetische Duftstoffe, die problematisch sein können. Sowohl Produkte in Pulverform als auch Schaumspray lassen sich mit dem Staubsauger nie wieder vollständig entfernen, sodass ein Teil der toxischen Substanzen in den Fasern zurückbleibt. Natron beseitigt Gerüche auf natürliche Weise und eignet sich darum gut als gesundheitlich unbedenklicher Teppichreiniger.

BETTWÄSCHESPRAY

Auch handelsübliche Textilerfirscherstprays, die Bettwäsche, Handtüchern oder Vorhängen sauberen Duft geben sollen, sind meist mit synthetischen Stoffen parfümiert. Warum sollten wir Textilien, auf die wir nachts das Gesicht legen oder die wir zum Abtrocknen verwenden, mit unbekannten chemischen Stoffen behandeln, wenn es gute natürliche Alternativen gibt? Auch mit ätherischen Ölen kann man Vorhängen, Bettwäsche und Handtüchern einen angenehm frischen Duft verleihen.

GLASREINIGER

Viele Reinigungsmittel für Glasscheiben und Spiegel enthalten Ammoniak, der die Atemwege reizen und Asthmaanfälle auslösen kann, sowie synthetische Duftstoffe und Lösungsmittel, die für verschiedene gesundheitliche Beschwerden verantwortlich gemacht werden. Wasserflecken auf Glas und Spiegeln lassen sich aber auch mit klarem Essig problemlos entfernen.

STAUBWEDEL & MÖBELPFLEGESPRAY

Traditionell verwendet man zum Staubwischen auf empfindlichen Oberflächen einen Staubwedel, nur leider entfernt dieser tatsächlich den Staub nicht, sondern wirbelt den Großteil nur auf, sodass er sich bald wieder – an der gleichen Stelle oder anderswo – absetzt. Möbelpflegesprays sind auch keine Alternative. Mit ihrer Hilfe wird der Staub zwar beseitigt, das Spray hinterlässt jedoch Rückstände toxischer Substanzen. Am besten verwenden Sie ein Naturfasertuch, das mit einer natürlichen Reinigungslösung angefeuchtet ist.

LUFTERFRISCHER

Es ist zwar angenehm, wenn es im Schlafzimmer frisch duftet, aber handelsübliche Lufterfrischer, die über längere Zeit Duft an den Raum abgeben, sind keine gute Wahl. Sie enthalten oft flüchtige organische Verbindungen sowie synthetische Duftstoffe. Besser ist es, regelmäßig die Fenster zu öffnen und gründlich zu lüften. Zum Beduften können Sie ätherische Öle verwenden, die ganz nebenbei auch heilende Eigenschaften haben.

EMPFEHLENSWERTE UTENSILIEN

Die Hausarbeit fühlt sich angenehmer und sinnvoller an, wenn man umweltfreundliche und nachhaltige Produkte ohne schädliche Inhaltsstoffe verwendet. Es lohnt sich aber auch, seine Gewohnheiten zu verändern und auf Kunststoff- und Einwegutensilien möglichst zu verzichten.

STAUBWEDEL AUS MIKROFASER

Weil im Schlafzimmer relativ wenig Bewegung stattfindet, stauben die Möbel dort schneller ein als in der restlichen Wohnung. Entfernen Sie den Staub regelmäßig, weil er Allergien auslösen oder verschlimmern kann. Am besten eignet sich ein waschbarer Staubwedel aus Mikrofaser, da sich der Staub so ideal binden lässt.

BAUMWOLLLAPPEN

Mikrofasertücher mögen praktisch sein, aber sie bestehen nicht aus Stoff im engeren Sinn, sondern aus winzigen Kunststofffasern. Für Bereiche, die schwierig zu erreichen sind, ist ein Staubwedel aus Mikrofaser sinnvoll, aber für andere Zwecke sind Lappen aus Baumwolle die bessere Wahl. Tücher und Staubwedel aus Mikrofaser sind zwar waschbar, geben aber Mikroplastik ab, das ins Abwasser und schließlich in die Meere gelangt. Auch das ist ein Grund, möglichst auf Mikrofaser zu verzichten. Auf jeden Fall sind waschbare Lappen umweltfreundlicher als Küchenpapier.

BESEN

Ohne Besen geht es nicht. Kaufen Sie sich ein Modell mit einem Stiel aus Holz, Bambus oder Metall und einem Kopf mit Naturborsten oder Borsten aus recyceltem Kunststoff. Auch gegen einen traditionellen Strohbesen ist nichts einzuwenden.

KLEIDERBÜRSTE

Selbst wenn Sie keine Haustiere haben, müssen Sie von Zeit zu Zeit eine Hose oder den Lieblingssessel abbürsten. Ersetzen Sie Wegwerfbürsten oder Fusselrollen mit Kleberolle und Plastikgriff, die unnötig viel Müll produzieren, durch eine konventionelle Kleiderbürste mit Holzgriff und Borsten aus Naturkautschuk. Solche Bürsten entfernen Staub, Hautschuppen und Haare zuverlässig, und man kann sie nach der Benutzung einfach ausklopfen.

ZEITUNGEN

Werfen Sie ausgelesene Tageszeitungen nicht gleich in den Altpapiercontainer. Sie eignen sich hervorragend, um Spiegel und Fenster auf Hochglanz zu polieren. Das gilt aber nur, wenn die Druckerschwärze sich nicht löst und verschmiert – probieren Sie es aus. Das Papier selbst ist saugfähig und hinterlässt im Gegensatz zu Lappen keine Fusseln. Es ist umweltfreundlicher als Küchenpapier, weil die Zeitung auf diese Weise zweimal genutzt wird.

NATÜRLICHER TEPPICHREINIGER

$NaHCO_3$ [1]	+	ÄÖ [2]	=	
Natron		*Ätherische Öle*		*Neutralisiert Gerüche & erfrischt*

ZUTATEN

100 g Natron
5 Tropfen ätherisches Grapefruitöl
5 Tropfen ätherisches Orangenöl

HERSTELLUNG: 5 Minuten, plus 20 Minuten Wartezeit | **HALTBARKEIT:** 6 Monate
BEHÄLTER: Schraubglas oder Streudose

Alle Zutaten in einer großen Schüssel verrühren und zerdrücken, bis keine Klümpchen mehr zu sehen sind. Dünn auf den trockenen Teppich streuen und mindestens 20 Minuten einwirken lassen (je länger die Einwirkzeit, desto intensiver der Duft). Gründlich absaugen.

SAUBERE LUFT

Die meisten Menschen machen sich über Schadstoffe in der Raumluft ihrer Wohnung kaum Gedanken. Angesichts der vielen Stunden, die wir darin verbringen, sollten wir uns aber damit beschäftigen. Mehrere Studien haben gezeigt, dass die Schadstoffkonzentration in Innenräumen zwei- bis fünfmal höher als im Freien sein kann. Dagegen kann man glücklicherweise eine Menge tun.

PFLEGEPRODUKTE MIT TOXISCHEN INHALTSSTOFFEN MEIDEN

Die häufigsten Schadstoffe in der Raumluft sind flüchtige organische Verbindungen, die von Reinigungsmitteln und Pflegeprodukten abgegeben werden. Darum ist es ein wichtiger erster Schritt, auf solche Produkte zu verzichten.

LÜFTEN

In Räumen mit schlechter Luftzirkulation halten sich Schadstoffe länger. Öffnen Sie die Fenster so oft wie möglich, und sei es nur für einige Minuten, damit die Luft in Bewegung gerät und toxische Substanzen ins Freie entweichen.

MEHR GRÜN

Zimmerpflanzen sehen ästhetisch aus, aber vor allem sind sie in der Lage, Schadstoffe wie Formaldehyd, Blei oder Cadmium aus der Raumluft zu filtern, ohne selbst dadurch Schaden zu nehmen. Außerdem geben sie Sauerstoff an die Luft ab.

PARAFFINKERZEN ERSETZEN

Die meisten handelsüblichen Kerzen bestehen aus Paraffin. Das ist ein Erdölprodukt, das beim Verbrennen gesundheitsschädliche Stoffe wie Toluol oder Benzol abgeben kann. Wenn diese Stoffe regelmäßig eingeatmet werden, können sie Reizungen der Atemwege verursachen und Asthma verschlimmern. Alternativen sind Kerzen aus Bienenwachs, gereinigtem Paraffin, Stearin oder Sojawachs.

ÄTHERISCHE ÖLE

Manche ätherische Öle eignen sich wegen ihrer antibakteriellen, antiviralen und antiseptischen Eigenschaften hervorragend für den Einsatz im Haushalt. Die meisten verbreiten einen angenehmen Duft in der Raumluft, und viele wirken sich positiv auf das Wohlbefinden aus. Sie können beruhigen, anregen, die Stimmung aufhellen, beim Einschlafen helfen, Kopfschmerzen oder Erkältungsbeschwerden lindern und noch viel mehr. Informieren Sie sich über die Wirksamkeit der verschiedenen Öle oder lassen Sie sich im Fachhandel beraten.

ÄTHERISCHE ÖLE FÜR GUTE LUFT

Diese ätherischen Öle eignen sich besonders gut, um die Luft im Schlafzimmer zu verbessern.

ORANGE
Ihr Zitrusduft fördert die Entgiftung und hellt die Stimmung auf.

GRAPEFRUIT
Grapefruit hat einen erfrischenden Duft. Das Öl wirkt antiseptisch und belebend.

KIEFER
Kiefernöl verbessert die Luft mit seinem frischen Duft und verhilft zu einem klaren Kopf.

FICHTE
Der Duft erinnert an einen Waldspaziergang und vertreibt Müdigkeit.

EUKALYPTUS
Das Öl duftet etwas streng, kann aber helfen, die Ausbreitung von Grippeviren einzudämmen.

TEEBAUM
Dieses wirkmächtige Öl hat einen ausgeprägten Kampferduft, der nicht von jedem als angenehm empfunden wird, aber es reinigt die Luft und eignet sich wegen seiner stark antiseptischen, antiviralen und fungiziden Wirkung sehr gut zum Einsatz in Putzmitteln.

CITRONELLA
Dies ist ein Öl für den Sommer, weil sein frischer Zitrusduft Insekten vertreibt.

ROSMARIN
Der harzig-würzige Duft erfrischt die Raumluft und wirkt lindernd bei Kopfschmerzen.

ZIMT (BLÄTTER)
Ätherisches Öl aus Zimtblättern wirkt antibakteriell und vertreibt Müdigkeit.

GEWÜRZNELKE
Der süß-würzige Duft verbessert die Luftqualität und wirkt heimelig.

WOHLTUENDE KERZEN AUS BIENENWACHS

Wer sich von Paraffinkerzen verabschiedet, muss deshalb nicht ganz auf Kerzen verzichten – im Gegenteil. Steigen Sie einfach auf Kerzen aus reinem Bienenwachs um. Sie brennen sauber, geben keine Schadstoffe ab und halten ebenso lange. Kaufen Sie aber Kerzen aus nachhaltig gewonnenem Bienenwachs, vorzugsweise bei einem örtlichen Imker. Bienen spielen für das Gleichgewicht der Natur eine wichtige Rolle, und sie sind als Bestäuber auch für die Nahrungsmittelproduktion von großer Bedeutung. In den letzten Jahrzehnten haben Pestizide, Krankheiten und klimatische Veränderungen dazu beigetragen, dass sich der Bienenbestand in alarmierendem Maß verringert hat. Kleine Imkereibetriebe setzen sich aktiv für das Überleben und die Gesundheit der Bienen ein. Vielleicht haben Sie Lust, selbst Bienenwachskerzen herzustellen. Das ist eine gute Gelegenheit, einen Imker persönlich kennenzulernen, und auch die Kerzenherstellung ist interessant.

BIENENWACHS & NEGATIV GELADENE IONEN

Viele Hersteller von Bienenwachskerzen führen die luftreinigenden Eigenschaften darauf zurück, dass die Kerzen negativ geladene Ionen produzieren. Diese Ionen sind durchaus nützlich. In der Natur kommen sie vor allem in Wassernähe vor, etwa am Meer oder an einem Wasserfall. Sie verbessern die Sauerstoffversorgung des Gehirns. Nun hat nicht jeder die Möglichkeit, einen Spaziergang zu einem Wasserfall zu unternehmen. Dann kann auch das bewusste Anzünden einer Bienenwachskerze für eine angenehme, friedliche Atmosphäre sorgen – mit oder ohne negativ geladenen Ionen.

SOJAKERZEN

Sojawachs empfiehlt sich als schadstoffarme Alternative zu Paraffin vor allem für Menschen, die generell auf die Verwendung von Produkten tierischen Ursprungs verzichten möchten. Allerdings ist der Produktionsprozess von Sojawachs weniger umweltfreudlich als der von Bienenwachs. Beim Sojaanbau kommen häufig Pestizide zum Einsatz, und das Öl, das die Grundlage für das Wachs bildet, wird oft mithilfe von Lösungsmitteln gebleicht. Die fertige Sojakerze gibt keine toxischen Substanzen ab, aber wer nachhaltig einkaufen will, sollte auch die Produktion in seine Überlegungen mit einbeziehen.

BIENENWACHSKERZEN

HERSTELLUNG: mehrere Tage | **HALTBARKEIT:** unbegrenzt | **BEHÄLTER:** Glas

MATERIAL:

450 g Bienenwachs
100 g Kokosöl
3 Gläser mit großer Öffnung (je ca. 220 ml Volumen)
3 gewachste Dochte mit Metallhalter
1–2 Esslöffel ätherisches Öl (nach Belieben)
Wachs-Klebeplättchen zum Fixieren

1. Ein Klebeplättchen unter einen Dochthalter kleben und das Schutzpapier abziehen. Den Dochthalter mittig auf dem Boden des Glases fixieren. Damit der Docht gerade bleibt, wird er um ein Stäbchen gewickelt, das quer auf den Glasrand gelegt wird. Die beiden anderen Gläser ebenso vorbereiten.

2. Wachs und Kokosöl in einer Schüssel im Wasserbad schmelzen. Dabei darf der Schüsselboden das Wasser nicht berühren. Mit einem Holzstäbchen regelmäßig umrühren.

3. Wenn Sie ätherische Öle verwenden möchten, werden diese jetzt hinzugegeben und untergerührt.

4. Die vorbereiteten Gläser bis 2 cm unter dem Rand mit dem flüssigen Wachs füllen.

5. Über Nacht fest werden lassen, dann die Dochte etwa 3 cm über dem Wachs abschneiden.

6. Wenn Sie ätherische Öle verarbeitet haben, sollten die Kerzen nun einige Tage ruhen, damit sich die Öle im Wachs verteilen können. Nach dem Anzünden lassen Sie die Kerzen brennen, bis die ganze Wachsoberfläche geschmolzen ist. Das ist wichtig, damit sich keine Röhre einbrennt und die Ränder stehen bleiben. Es ist nicht immer ganz einfach, die richtige Dochtstärke zu finden, denn dabei spielen die Wachsart und die Gefäßgröße eine Rolle. Falls Ihre Kerzen zu schnell abbrennen, verwenden Sie beim nächsten Mal einen dünneren Docht. Wenn sie öfter von selbst verlöschen, probieren Sie es beim nächsten Versuch mit einem dickeren Docht.

BEESWAX
BIENENWACHS
KOKOSÖL
WACHSKLEBE-
PLÄTTCHEN
DOCHTE AUS
BAUMWOLLE
GLÄSER

ELEKTRONISCHE GERÄTE IM SCHLAFZIMMER

Jeder weiß, dass wir ein gewisses Maß an Schlaf brauchen, um gesund zu bleiben. Ausreichender Schlaf ist wichtig für ein gesundes Immunsystem, er fördert den Abbau von Stress und nervöser Anspannung, verbessert die Konzentrationsfähigkeit und kann sogar dazu beitragen, gesunde Ernährungsgewohnheiten aufrechtzuerhalten. Wer ausreichend schläft, ist weniger anfällig für ernsthafte gesundheitliche Probleme wie Depressionen, Herzerkrankungen und Diabetes. Aus all diesen Gründen ist es wichtig, das Schlafzimmer so auszustatten, dass wir dort nach einem langen Tag herunterschalten und Ruhe finden können. Auf die Atmosphäre im Schlafzimmer haben elektronische Geräte erheblichen (negativen) Einfluss. Wir sehen abends fern, werfen nachts einen Blick aufs Smartphone und sind immer und überall von blinkenden Computern und Tablets umgeben. All das ist für viele zwar normal geworden, aber es muss eigentlich nicht sein. Elektronische Geräte stören den Schlaf, indem sie uns körperlich und geistig am Abschalten hindern. Aus diesem Grund sollte man sich genau überlegen, wie viel Elektronik im Schlafzimmer unbedingt sein muss.

FERNSEHER

Zweifellos ist es sehr gemütlich, sich ins Bett zu kuscheln und die Lieblingsserie anzuschauen. Das sollte aber nicht zur allabendlichen Gewohnheit werden. Das Fernsehen regt das Gehirn an, und das bläuliche Licht des Bildschirms bewirkt, dass der Körper die Melatoninproduktion herunterfährt. Dieses Hormon ist aber notwendig, um ein- und durchzuschlafen. Wenn Sie auf den Fernseher nicht ganz verzichten wollen, könnten Sie ihn vielleicht hinter einem Vorhang oder in einem Einbauschrank verstecken.

SMARTPHONE

Am besten nehmen Sie es nachts gar nicht mit ins Schlafzimmer. Sein Licht stört den gesunden Schlaf, und man gerät leicht in Versuchung, direkt vor dem Einschlafen oder womöglich mitten in der Nacht noch schnell nachzuschauen, ob Nachrichten eingegangen sind.

READER

Tagsüber ist gegen einen eBook-Reader oder ein Tablet nichts einzuwenden, aber abends sollten Sie ein Buch vorziehen. Wie Smartphones und Fernseher senden auch diese Geräte bläuliches Licht aus, das den Schlaf beeinträchtigen kann. Oder verwenden Sie wenigstens ein Gerät mit Blaulichtfilter.

ROUTER & COMPUTER

Wenn Sie WLAN nutzen, baut der Router ein elektromagnetisches Feld auf. Außerdem können Router und Computer durch ihre blinkenden Lichter stören. Am besten bringt man diese Geräte in einem anderen Raum unter, damit sie den Schlaf nicht beeinträchtigen können.

MATRATZEN

Im Idealfall verbringen wir acht Stunden pro Tag im Bett. Das ist ganz schön lange. Schon darum ist es wichtig, bei Matratze und Bettwaren auf eine gute, natürliche und schadstoffarme Qualität zu achten. Sie werden den Unterschied spüren.

MATRATZE

Die wichtigste Eigenschaft einer Matratze ist wohl, dass man bequem auf ihr liegt. Das kann man beim Probeliegen schon recht gut herausfinden. Schwieriger ist die Beurteilung des Materials. Auch wenn Produkte aus Schaumstoffen nach wie vor beliebt sind, gibt es zahlreiche Modelle ohne Erdölbestandteile, ohne Pestizidbelastung, ohne brandhemmende Ausrüstung und bedenkliche Klebstoffe.
Es gibt Matratzen aus 100 % Naturfasern, teils in Bioqualität, solche mit einem Naturlatex- oder Kokoslatexkern sowie Modelle mit Tierhaaren, meist vom Schaf. Hersteller von Naturmatratzen achten in der Regel nicht nur auf die verarbeiteten Materialien, sondern haben auch einen hohen Anspruch an den Herstellungsprozess und achten die Öko-Standards (etwa Oeko-Tex Standard 100).

DIE BESTEN UNSCHÄDLICHEN MATERIALIEN

NATURLATEX

Inzwischen bieten mehrere Hersteller Matratzen an, die aus ungiftigen Materialien bestehen. Meist handelt es sich um umweltfreundliche Schäume aus Kautschuk, der aus Latex (dem Saft des Gummibaums) produziert wird.

BIOBAUMWOLLE

Wer sicher sein möchte, nicht auf einer pestizidbelasteten Matratze zu schlafen, sollte darauf achten, dass sie mit einem Siegel für nachhaltigen Anbau gekennzeichnet ist, beispielsweise GOTS (Global Organic Textile Standard).

BIOWOLLE

Weil es widersinnig wäre, natürliche Biobaumwolle mit chemischen Brandhemmern zu imprägnieren, produzieren verschiedene Hersteller Matratzen mit einer Schicht aus Wolle. Sie besitzt antimikrobielle Eigenschaften und ist von Natur aus schwer entflammbar. Solche Matratzen genügen also den Sicherheitsvorschriften und kommen dennoch ohne toxische Chemikalien aus. Auch die Wolle sollte das GOTS- oder ein gleichwertiges Siegel tragen.

BETTWAREN

Wenn Sie sich eine Matratze ohne toxische Substanzen anschaffen, ist es nur konsequent, auch die Bettwaren einmal genauer unter die Lupe zu nehmen.

KOPFKISSEN & BETTDECKE

Verzichten Sie lieber auf Kopfkissen aus modernem »Memory Foam«, weil sie flüchtige organische Verbindungen abgeben. Federkissen und -decken enthalten keine toxischen Substanzen, aber wenn Ihnen am Tierwohl gelegen ist, könnten Sie sich für Biobaumwolle oder Wolle aus nachhaltiger, artgerechter Produktion entscheiden. Die Bezüge der Inletts sollten aus Naturfasern aus nachhaltiger Produktion bestehen und ungebleicht oder mit gesundheitsunschädlichen Produkten gefärbt sein.

BETTWÄSCHE

Vermeiden Sie als »knitterfrei« angepriesene Bettwäsche, weil sie häufig mit Formaldehyd oder anderen Chemikalien behandelt ist. Kaufen Sie lieber Bettwäsche aus nachhaltig produzierten Naturfasern, die entweder ungebleicht oder mit gesundheitlich unbedenklichen Produkten gefärbt ist.

DIE BESTEN UNSCHÄDLICHEN MATERIALIEN

BAUMWOLLE

Die beste Wahl ist Biobaumwolle. Achten Sie auf entsprechende Siegel. Dadurch ist gewährleistet, dass sie aus nachhaltigem Anbau stammt und auch während des Herstellungsprozesses keine schädlichen Chemikalien zum Einsatz kommen.

LEINEN

Wählen Sie Leinen aus umweltfreundlicher Produktion. Der Stoff ist schwerer und etwas rauer als Baumwolle, wird aber durch das Waschen mit der Zeit weicher. Leinen nimmt gut Feuchtigkeit auf und eignet sich darum besonders für Menschen, die nachts zum Schwitzen neigen.

HANF

Hanf ist ein hervorragendes Material für Bettwäsche. Er ist hypoallergen, und zur Herstellung des Stoffs wird sehr viel weniger Wasser benötigt als für andere schadstofffreie Textilien. Hanf ist etwas fester und rauer als Baumwolle und Bambus, aber er wird mit dem Waschen weicher und ist sehr langlebig.

BAMBUS

Bambustextilien werden aus den Zellulosefasern der Halme hergestellt. Bettwäsche sollte möglichst aus 100 % Lyocell bestehen.

BETTWÄSCHESPRAY

1		2		3		
H Hamamelis	+	**H_2O** Wasser	+	**ÄÖ** Lavendel	=	*Trocknet schnell & erfrischt*

ZUTATEN

15 ml Hamamelisextrakt
5 Tropfen ätherisches Lavendelöl
45 ml Wasser

HERSTELLUNG: 5 Minuten | **HALTBARKEIT:** 6 Monate

BEHÄLTER: Glasflasche, 60 ml, mit Zerstäuberaufsatz

Alle Zutaten mit einem kleinen Trichter in die Flasche füllen und schütteln. Bettwäsche, Handtücher und Vorhänge nach Bedarf einsprühen. Die Flasche vor jeder Verwendung gründlich schütteln.

VERANTWORTUNG IM KLEIDERSCHRANK

Unser Schränke quellen über von Kleidungsstücken, die wir selten oder nie tragen, und viele davon bestehen aus synthetischen Stoffen, deren Herstellung die Umwelt belastet hat. Der Kleiderschrank ist also auch ein Thema, mit dem wir uns beschäftigen sollten, wenn wir schädliche Substanzen aus dem Schlafzimmer verbannen wollen. Ein gründliches Aussortieren schafft nebenbei auch mehr Übersicht und macht das Leben leichter.

KLEIDUNG KAUFEN MIT VERSTAND

Das Ziel sollte sein, dass in Ihrem Kleiderschrank nur Stücke hängen, die Sie wirklich mögen, die gut passen und regelmäßig getragen werden. Auf dieser Grundlage können Sie ausdünnen und dann entscheiden, was noch fehlt. Was Sie kaufen, sollte zu dem passen, was schon vorhanden ist.

Der erste Schritt besteht also darin, die gesamte Garderobe aus den Schränken zu räumen, jedes Teil einzeln zu sichten und zu entscheiden, ob es die neuen Kriterien erfüllt oder nicht. Überlegen Sie in Ruhe, ob es einen Platz in Ihrem Schrank verdient hat. Teile, die Ihnen nicht mehr gefallen oder nicht mehr passen, legen Sie zur Seite, um sie zu spenden. Auf diesen Stapel kommen auch Kleidungsstücke mit anderen Nachteilen, etwa der kratzige Pullover, die drückenden Schuhe oder das T-Shirt, in dem Sie stark schwitzen. Stücke, an denen Sie hängen, die aber kleine Schäden haben, kommen auf den Stapel »reparieren«. Das kann eine Jeans sein, die geflickt werden muss, ein Sweatshirt mit einer aufgegangenen Naht oder ein Rock, an dem sich ein Knopf gelöst hat. Wirklich abgetragene oder irreparable Stücke kommen auf den dritten, hoffentlich kleinsten Stapel. Kleidungsstücke aus Baumwolle oder Leinen können Sie vielleicht noch zerschneiden und zu Lappen verarbeiten. Die restlichen, nicht mehr tragbaren Kleidungsstücke entsorgen Sie fachgerecht.

DAS PROBLEM FAST FASHION

In unserer Überflussgesellschaft zählt Masse mehr als Klasse, und das Neue, und wenn es noch so minderwertig ist, wird fast immer dem Alten vorgezogen. Das beeinflusst unser Kaufverhalten in hohem Maß. Nirgends ist das mehr zu spüren als im Bereich der Mode. In den letzten 20 Jahren ist das Angebot an billiger (und billig gemachter) Mode buchstäblich explodiert. Anfangs schien es für modebewusste Kunden ein Vorteil zu sein, dass mehr trendige Stücke zu erschwinglichen Preisen zu haben waren. Dann aber sind die Nachteile immer deutlicher zutage getreten. Gleichzeitig hat sich aber auch eine Art Fast-Fashion-Mentalität in unserem kulturellen Unterbewusstsein eingenistet. Um daran etwas zu verändern, müssen wir zuerst verstehen, wo die Probleme liegen.

MASSENHAFT MÜLL

Fast Fashion ist, wie der Name verrät, für den schnellen Konsum gemacht. Das bewirkt, dass wir die Dinge fast so schnell – und leichtfertig – wegwerfen, wie wir sie kaufen. Hinter dieser Wegwerfmentalität stecken verschiedene Gründe. Erstens vermittelt der niedrige Preis den Eindruck, dass es kein großer materieller Verlust ist, wenn wir ein Kleidungsstück nicht mehr tragen mögen. Zweitens sorgt der schnelle Wechsel der Moden dafür, dass unsere Käufe schon kurz nach der Anschaffung überholt sind. Und drittens ist die Qualität so schlecht, dass die Stücke gar nicht für lange Haltbarkeit konzipiert sind. In den USA landen jedes Jahr 13 Millionen Tonnen Kleidung im Müll, und davon wird der größte Teil weder recycelt noch weitergereicht.

UNWÜRDIGE ARBEITSBEDINGUNGEN

Ein komplettes Outfit kostet oft nicht viel mehr als ein gutes Essen im Restaurant. Das betrachten wir dann als Schnäppchen und vergessen, dass andere dafür einen hohen Preis bezahlen: die Menschen, die solche Kleidungsstücke herstellen. Die Modeunternehmen können ihre Kollektionen nur darum zu niedrigen Preisen anbieten, weil sie die Produktionskosten niedrig halten. Tausende Menschen, größtenteils Frauen, sind in der Textilindustrie beschäftigt, aber ihr Lohn reicht zum Leben kaum aus.

UMWELTVERSCHMUTZUNG

Je mehr billige Wegwerfmode produziert wird, desto größer wird auch die Belastung für die Umwelt. Toxische Abwässer aus Bleich- und Färbebetrieben sind nach der Landwirtschaft der zweitgrößte Faktor für Gewässerverschmutzung weltweit. Synthetikfasern wie Polyester und Acryl, die in der Fast Fashion hauptsächlich verarbeitet werden, geben bei jeder Wäsche Mikroplastik ab, das die Meere verschmutzt. Außerdem verbraucht die Textilproduktion sehr viel Energie und stößt jährlich mehr als eine Milliarde Tonnen Kohlendioxid aus.

TIPPS FÜR EINE UMWELT-FREUNDLICHE GARDEROBE

KAUFGEWOHNHEITEN ÄNDERN

Machen wir uns die Konsequenzen der Fast Fashion für die Umwelt und die Menschen in den Herstellungsbetrieben bewusst, dann ist es einfacher, ihren Verlockungen zu widerstehen. Besser ist es, weniger zu kaufen und auf hochwertige Qualität zu achten. Zeitlose Stücke überholen sich nicht so schnell. Bevorzugen Sie Marken und Hersteller, die umweltbewusst und ethisch produzieren und dies auch transparent dokumentieren.

UNABHÄNGIGE LABELS

Unabhängige Designer und kleine Labels produzieren oft nachhaltiger als die großen Modeunternehmen. Ihre Modelle sind teurer, aber langlebig und meist gut verarbeitet, was den Preis rechtfertigt. Außerdem fühlt man sich in seiner Kleidung wohler, wenn man weiß, dass die Menschen, die sie angefertigt haben, eine faire Bezahlung bekommen.

SECOND HAND

Secondhandmode ist Textilrecycling in Reinkultur. Wer gebrauchte Kleidung kauft, trägt weder zur Produktion von Wegwerfmode noch zu den gravierenden Umweltbelastungen bei. Dafür bekommt man in Secondhandläden oft originelle, tragbare Stücke mit Geschichte. Und es besteht kaum Gefahr, jemanden zu treffen, der das gleiche Stück trägt.

PFLEGEN & REPARIEREN

Wenn Sie hochwertige Kleidungsstücke und Schuhe im Schrank haben, die Ihnen gut gefallen und die angenehm zu tragen sind, werden Sie automatisch sorgfältig mit ihnen umgehen. Beachten Sie das Etikett mit den Pflegehinweisen, hängen Sie Kleidung lieber auf die Wäscheleine, statt sie in den Trockner zu stecken, und behandeln Sie Flecken so schnell wie möglich. Wahrscheinlich sind Sie eher bereit, den Reißverschluss Ihrer Lieblingsjeans auswechseln zu lassen oder ein Loch im Lieblingspullover kunststopfen zu lassen. Im Gegensatz zu Fast Fashion lohnen sich Reparaturen bei hochwertiger Kleidung. Wer etwas Geschick hat, kann Reparaturen sogar so ausführen, dass sie wie Stickereien oder andere Dekorationen aussehen. Das lohnt sich allemal, um das Leben von Lieblingsstücken zu verlängern.

NATURFASERN AUS NACHHALTIGER PRODUKTION

Was für Bettwäsche gilt, trifft auch auf Kleidung zu: Ideal sind Textilien aus Naturfasern, die nachhaltig produziert und nicht mit chemischen Bleichmitteln, Farben oder Imprägnierungen behandelt wurden.

KINDERZIMMER

In Zimmern, in denen Kinder spielen und schlafen, müssen im Hinblick auf toxische Substanzen besonders hohe Standards gelten. Auf diese Punkte sollten Sie achten:

MÖBEL

Fürs Kinderzimmer wie für die restliche Wohnung sind Möbel aus Massivholz die beste Wahl. Möbel aus Pressspanplatten enthalten Leim und Bindemittel, die chemische Stoffe enthalten können. Außerdem sind sie häufig mit Kunststoff beschichtet, der wiederum verklebt ist.

BODENBELAG

Man möchte meinen, dass Auslegeware ideal für das Kinderzimmer ist, damit vor allem kleinere Kinder weich fallen. Aber das ist ein Irrtum. Viel besser sind Böden aus Naturholz oder Kork. Einzelne Bereiche werden mit kleinen Teppichen aus Naturmaterialien gemütlich.

FARBEN

Wenn Eltern ein Baby erwarten, streichen sie oft das Kinderzimmer in zarten Tönen. Das ist geradezu eine symbolische Handlung. Verwenden Sie dafür unbedingt ökologisch und gesundheitlich unbedenkliche Farben, die keine flüchtigen organischen Substanzen abgeben, und streichen Sie so früh wie möglich, damit alle Stoffe vor dem Einzug des Babys ausdünsten können.

MATRATZE & BETTZEUG

Babys und kleine Kinder schlafen viel, darum ist es besonders wichtig, dass Matratze und Bettwäsche keine toxischen Substanzen enthalten. Wie auch immer das Kinderbett aussieht, die Matratze sollte aus einem Naturmaterial bestehen und möglichst gar keine chemischen Stoffe enthalten. Dasselbe gilt für Bettdecke und Kopfkissen. Kaufen Sie dazu Bettwäsche aus Biobaumwolle, die aus nachhaltiger Produktion stammt und das GOTS- oder ein vergleichbares Siegel trägt.

ELEKTRONISCHE GERÄTE

Ein Baby braucht weder Fernseher noch Tablet, aber ältere Kinder besitzen häufig eine Spielkonsole, einen Computer oder andere elektronische Geräte. Ideal ist es, wenn solche Geräte sich nicht dauerhaft im Kinderzimmer befinden. Falls Sie ein schnurloses Babyphon verwenden, wählen Sie ein Modell mit geringer elektromagnetischer Strahlung.

PFLANZEN

Pflanzen tun der Luft im Kinderzimmer gut. Solange die Kinder klein sind, sollten die Töpfe außerhalb ihrer Reichweite untergebracht werden, etwa auf einem höheren Regal oder in einer Hängeampel. Größere Kinder können Sie sogar in die Pflanzenpflege mit einbeziehen.

PUTZMITTEL

Selbstverständlich muss ein Kinderzimmer immer sauber sein. Verwenden Sie unbedingt natürliche Reinigungsprodukte ohne aggressive Chemikalien und synthetische Inhaltsstoffe.

WINDELN

Es ist unglaublich, wie viele Windeln ein kleines Kind braucht und wie viel Müll dabei entsteht. Viele Windeln enthalten Chemikalien und Duftstoffe, die Hautreizungen verursachen können. Diese Probleme treten bei Stoffwindeln nicht auf, dafür macht das Waschen Mühe, verbraucht Wasser und Energie. Wenn Sie Einwegwindeln verwenden, kaufen Sie ein Produkt, das nicht gebleicht ist und keine Duftstoffe enthält. Neu auf dem Markt sind biologisch abbaubare Windeln aus 100 % nachwachsenden Rohstoffen.

KLEIDUNG

Kinder tragen ihre Kleidung schon deshalb nicht lange, weil sie so schnell wachsen. Trotzdem sollte man dieselben hohen Ansprüche stellen wie an Kleidung für Erwachsene. Kaufen Sie Kinderkleidung aus strapazierfähigen Stoffen, hergestellt aus nachhaltig produzierten Naturfasern, ungebleicht und mit umweltfreundlichen Produkten gefärbt. Secondhandkleidung hat den Vorteil, dass sie schon mehrfach gewaschen wurde, sodass eventuelle Rückstände bereits ausgewaschen wurden.

WÄSCHE

Weil Kinderhaut viel empfindlicher als Erwachsenenhaut ist, sollten Sie einen Bogen um Chemikalien und Duftstoffe machen. Verwenden Sie milde, sulfatfreie Waschmittel ohne Duft- und Farbstoffe. Weichspüler und Trocknertücher sollten Sie grundsätzlich meiden.

SPIELZEUG

Kinder hantieren nicht nur mit ihren Spielsachen, sie stecken sie auch in den Mund (jedenfalls die ganz kleinen). Darum sollten Sie die Spielzeugkiste einem gründlichen Detox-Programm unterziehen. Geben Sie Kindern möglichst nur giftfreies Spielzeug. Tipps finden Sie auf der nächsten Seite.

SICHERES SPIELZEUG

NATURKAUTSCHUK

Kautschuk wird aus dem Latexsaft von Gummibäumen hergestellt und ist eine ausgezeichnete Alternative zu Plastik. Er enthält weder PVC noch BPA oder Phthalate. Wählen Sie Beißringe, Bälle und Badewannenspielzeug aus Kautschuk. Badewannenspielzeug sollte vollständig geschlossen sein. Wenn es ein Loch hat, kann Feuchtigkeit eindringen und Schimmel kann sich einnisten.

HOLZ

Ungiftiges Spielzeug für kleine Kinder wird meist aus Holz produziert, weil es eins der sichersten und schönsten Materialien ist. Achten Sie darauf, dass es sich um Holz aus nachhaltiger Forstwirtschaft handelt, und dass auch die Bemalung, falls vorhanden, giftfrei ist.

FARBEN, LASUREN & LACKE

Zur Behandlung von Holzspielzeug gibt es verschiedene Möglichkeiten. Empfehlenswert sind Produkte auf Bienenwachsbasis oder Öle in Lebensmittelqualität sowie Farben auf Wasserbasis, also ohne schädliche Lösemittel.

EDELSTAHL

Edelstahl ist ein sehr sicheres Material, wird aber selten für Kinderspielzeug verwendet.

BIOBAUMWOLLE

Bei Stofftieren und Puppenkleidern sollten Sie Biobaumwolle aus nachhaltiger Produktion bevorzugen, die das GOTS- oder ein vergleichbares Siegel trägt.

BIENENWACHS

Der Grundstoff für Wachsmalkreiden ist meist Paraffin, ein Erdölprodukt, aus dem auch Kerzen hergestellt werden. Es gibt aber auch Kreiden auf der Basis von Bienenwachs, die mit ungiftigen mineralischen Pigmenten eingefärbt sind.

RECYCLINGPAPIER

Geben Sie Kindern zum Malen und Basteln Recyclingpapier und -karton. Wichtig ist, dass es mit ungiftigen Farben bedruckt oder eingefärbt ist.

REINIGER FÜR SPIELZEUG

1 CH_3COOH Essig	+	2 H_2O Wasser	+	3 ÄÖ Zitrone	=	Reinigt & desinfiziert

ZUTATEN
250 ml Apfelessig
12 Tropfen ätherisches Zitronenöl
250 ml gefiltertes Wasser

HERSTELLUNG: 5 Minuten | **HALTBARKEIT:** unbegrenzt | **BEHÄLTER:** Glasflasche, 500 ml, mit Zerstäuberaufsatz

Alle Zutaten in der Flasche mischen.
Vor jedem Gebrauch kräftig schütteln, etwas von der Flüssigkeit auf ein Tuch sprühen und das Spielzeug damit abwischen.

PFLANZEN FÜR DAS SCHLAFZIMMER

Pflanzen können viel für die einladende, regenerierende und lebendige Atmosphäre im Schlafzimmer tun. Von der Zeit, die wir zu Hause sind, verbringen wir wohl die meiste im Schlafzimmer. Das wird uns gar nicht bewusst, weil wir die Stunden (normalerweise) verschlafen. Für diesen Raum eignen sich vor allem Pflanzen, die wenig Pflege brauchen und es bestenfalls auch nicht übel nehmen, wenn man gelegentlich das Gießen vergisst.

LUFTFEUCHTIGKEIT

Die meisten Pflanzen benötigen eine relativ hohe Luftfeuchtigkeit, um gesunde, grüne Blätter zu bilden und zu behalten. Hohe Luftfeuchtigkeit tut auch unseren Atemwegen, unseren Haaren und unserer Haut gut. Aus diesem Grund ist es empfehlenswert, vor allem nachts einen Luftbefeuchter ins Schlafzimmer zu stellen. Sie werden die Wirkung bald spüren und es auch Ihren Pflanzen ansehen. Nur wenn Sie ohnehin in feuchtem Klima leben, sollten Sie auf einen Luftbefeuchter verzichten, sonst riskieren Sie die Ausbreitung von Schimmel, der die Atmungsorgane belastet und Asthma verstärken kann. Allergene sind gerade im Schlafzimmer unerwünscht, also wäre zu hohe Luftfeuchtigkeit kontraproduktiv. Achten Sie darauf, wie sich die natürliche Luftfeuchtigkeit jahreszeitlich verändert – im Winter ist es sowohl drinnen als auch draußen meist trockener.

BOGENHANF *Sansevieria*

Der Bogenhanf ist für seine gute luftreinigende Wirkung bekannt. Für das Schlafzimmer eignet er sich besonders gut, weil er zu den wenigen Pflanzen gehört, die auch während der Nacht Sauerstoff produzieren. Seine dicken, oft gestreiften oder gefleckten Blätter wachsen relativ gerade, sodass er in der Breite wenig Platz braucht. Die Pflanze kommt mit relativ wenig Licht aus.

Pflege: Geben Sie der Pflanze einen Platz ohne direkte Sonneneinstrahlung. Sie braucht durchlässiges Substrat, das zwischen den Wassergaben antrocknen sollte. Wassermangel verträgt der Bogenhanf besser als übermäßiges Gießen.
Achtung: Für Katzen und Hunde ist der Bogenhanf giftig.

ZAMIOCULCAS / GLÜCKSFEDER *Zamioculcas zamiifolia*
Die dunkelgrünen Blätter der Zamioculcas sehen dekorativ aus, weil sie von Natur aus glänzen. Wie der Bogenhanf gedeiht auch die Zamioculcas in Räumen mit spärlichem Tageslicht und braucht nur wenig Wasser. Pflanzen, die im Schlafzimmer stehen, vergisst man leichter als Gewächse in der Küche oder im Wohnzimmer. Das nimmt die Zamioculcas nicht übel.

Pflege: Nicht in die pralle Sonne stellen. Anderen Lichtverhältnissen passt sie sich zwar an, wächst an einem hellen Platz aber schneller. Einmal wöchentlich oder alle zwei Wochen gießen, im Winter noch seltener.

KOLBENFADEN *Aglaonema*
Von dieser Pflanzenart gibt es Varianten mit unterschiedlichen Blattformen und -farben. Alle sind hinsichtlich Pflege und Standort sehr anspruchslos. Die Pflanzen können recht buschig werden und sehen auch als Gruppe verschiedener Sorten interessant aus.

Pflege: Diese Pflanzen wachsen fast überall. Sie lieben es hell, wachsen aber auch bei schwächerem Licht. Viel Wasser brauchen sie nicht. Gießen Sie erst, wenn sich das Substrat trocken anfühlt.

ESSZIMMER / WOHNZIMMER

Wohn- und Essbereich gehen in vielen Wohnungen ineinander über. Hier ruhen wir aus, lesen, sehen einen Film an, wir treffen uns mit der Familie zum Abendessen oder mit Freunden zum Brunch. Da wir hier den Großteil unserer wachen Stunden verbringen, liegt es nahe, schädliche Stoffe aus dem Wohnbereich so konsequent wie möglich zu verbannen.

BITTE SCHUHE AUSZIEHEN

Ein einfacher, aber wirkungsvoller Schritt, um Schmutz, Keime und Schadstoffe fernzuhalten, besteht darin, beim Betreten der Wohnung die Schuhe auszuziehen. Richten Sie einen festen Platz ein, an dem Straßenschuhe abgestellt werden und an dem Hausschuhe griffbereit sind. Die Fußböden bleiben sauberer, das Aufräumen wird einfacher, und beides trägt zum Wohlbefinden bei.

LEBENSRAUM FÜR ALLE

Wenn wir über unsere Wohnung nachdenken, denken die meisten zuerst an den Wohnbereich, denn dort verbringen wir einen großen Teil unserer freien Zeit. Im Esszimmer, wenn es denn vom Wohnzimmer getrennt ist, halten wir uns nicht so lange auf, aber die Momente, die wir dort verbringen, prägen sich oft in besonderem Maß ein, wenn wir uns zum Essen mit Menschen treffen, die uns nahestehen.

Es ist sehr einfach, diese Bereiche so zu gestalten, dass sie zu Entspannung und Erholung oder zu gemeinsamen, erinnernswerten Mahlzeiten einladen – und zwar weitgehend ohne Schadstoffe. Ein ebenso simpler wie wirkungsvoller Schritt besteht darin, Pflanzen aufzustellen, die attraktiv aussehen und gleichzeitig die Luft filtern. Wichtig ist aber auch, die verwendeten Reinigungsmittel kritisch auszuwählen, und diejenigen, die gesundheitsschädliche Chemikalien enthalten, durch ungiftige Alternativen zu ersetzen. Gewöhnen Sie sich an, für die Tischdekoration Naturmaterialien zu verwenden, vielleicht auch Schnittblumen, die einen farbenfrohen jahreszeitlichen Akzent setzen und den Raum mit ihrem Duft erfüllen. Wenn Sie das Detox-Programm noch konsequenter angehen wollen, nehmen Sie auch den Bodenbelag, die verwendeten Farben und die Möbel unter die Lupe.

Die Informationen in diesem Kapitel sind auch dann interessant, wenn Sie den Wohnbereich gerade nicht grundlegend umgestalten wollen. Die Bandbreite der Hinweise reicht von der Wahl eines effizienten Staubsaugers bis zu Anregungen, die Sie bei der nächsten Renovierung umsetzen könnten.

PUTZMITTEL-CHECK

PFLEGEMITTEL FÜR HOLZMÖBEL

Handelsübliche Möbelpflegemittel enthalten oft ätzende Substanzen, die ernsthafte gesundheitliche Probleme auslösen können. Toxische Stoffe wie Aceton und Phthalate dringen in die Oberflächen der Möbel ein, die wir tagtäglich benutzen und berühren. Wenn wir Produkte zum Sprühen verwenden, atmen wir solche Stoffe außerdem ein. Natürliche Zutaten wie Olivenöl eignen sich ebenso gut, um Staub zu entfernen, und zwar ohne die Atemwege zu reizen.

RAUMSPRAY

Zu den gefährlichsten Inhaltsstoffen handelsüblicher Produkte gehören die synthetischen Duftstoffe. Sprays, die Gerüche mit künstlichen Duftmolekülen überlagern, sollten Sie unbedingt vermeiden. Setzen Sie lieber auf Natron und Essig, denn diese beiden natürlichen Produkte neutralisieren Gerüche.

EINWEGBODENWISCHER

Bodenwischer mit Einwegtüchern mögen praktisch sein, sind aber alles andere als nachhaltig oder umweltfreundlich. Die Wischer selbst halten nicht lange, und da sie aus unverrottbarem Plastik bestehen, tragen sie zur dauerhaften Vermüllung der Erde bei. Auch die Tücher vergrößern den Müllberg. Sie bestehen meist aus Polyester, also ebenfalls einer Kunststofffaser. Verwenden Sie lieber einen konventionellen Besen, Staubtücher oder einen Bodenwischer mit einem waschbaren Bezug aus Mikrofaser.

SILBERPUTZMITTEL

Heutzutage besitzen nur noch wenige Menschen Tafelsilber. Wer jedoch noch welches hat, möchte es vielleicht zu ganz besonderen Gelegenheiten hervorholen. Dann muss es wahrscheinlich zunächst aufpoliert werden. Die meisten handelsüblichen Silberputzmittel enthalten aggressive Inhaltsstoffe wie Ammoniak oder Kohlenwasserstoffe. Ebenso gut geeignet sind natürliche Putzmittel wie Essig oder Natron. Sogar mit Ketchup lässt sich angelaufenes Tafelsilber wieder zum Glänzen bringen.

POLSTERREINIGER

Handelsübliche Polsterreiniger und Fleckentferner sind zwar wirksam, enthalten aber aggressive Chemikalien und synthetische Duftstoffe. Wer darauf verzichten möchte, könnte einmal grundsätzlich überdenken, ob es überhaupt notwendig ist, vor dem Fernseher zu essen ... Ansonsten lassen sich Flecken und Verschmutzungen auch mit Natron oder Essig ausgezeichnet entfernen.

ESSIG
NATRON
KETCHUP

POLITUR FÜR HOLZMÖBEL

O[1] Olivenöl	+	ZS[2] Zitronen-saft	=	Reinigt & schützt

ZUTATEN
120 ml Olivenöl
60 ml Zitronensaft

HERSTELLUNG: 5 Minuten | **HALTBARKEIT:** im Kühlschrank 1 Monat
BEHÄLTER: kleines Glas mit dicht schließendem Deckel

Die Zutaten in ein Schraubglas geben und kräftig schütteln.
Etwas von der Mischung auf einen Lappen träufeln und die Möbel damit sanft abreiben.
Anschließend überschüssiges Olivenöl mit einem sauberen, trockenen Lappen nachwischen.
Weil die Mischung nicht lange haltbar ist, sollten Sie bei Bedarf immer nur kleine Mengen herstellen.

POLSTERREINIGER

1 $NaHCO_3$ *Natron*	+	2 $C_{27}H_{48}O_{20}$ *Maisstärke*	+	3 H_2O *Wasser*	=	*Entfernt Flecken & Gerüche*

ZUTATEN

110 g Natron
50 g Maisstärke
Wasser zum Verdünnen

HERSTELLUNG: 5 Minuten | **HALTBARKEIT:** zur sofortigen Verwendung | **BEHÄLTER:** Schraubglas

Natron und Maisstärke in einer Schüssel mischen. Nach und nach so viel Wasser zugeben und verrühren, dass eine nicht zu feste Paste entsteht. Die Paste dünn auf den Möbelstoff auftragen und trocknen lassen. Mit einem Staubsauger entfernen.

MATERIALIEN

In einem Wohnbereich, der von der ganzen Familie benutzt wird, ist naturgemäß immer viel los – vor allem, wenn er offen in den Essbereich übergeht. Es liegt auf der Hand, dass man toxische Substanzen aus diesen Räumen verbannen möchte. Dafür sollten Sie sich Zeit nehmen, denn einige Veränderungen können kostspielig sein und lassen sich nur im Rahmen einer Renovierung umsetzen. Hier erfahren Sie, was Sie dabei bedenken sollten.

FUSSBODEN

AUSLEGEWARE

Neue Auslegeware hat einen unverwechselbaren Geruch. Dafür sind verschiedene Chemikalien verantwortlich, die nicht nur bei der Herstellung zum Einsatz kommen, sondern auch beim Verlegen. Hauptsächlich handelt es sich um flüchtige organische Verbindungen, die im Hinblick auf die Gesundheit bedenklich sind. Auslegeware enthält fast immer synthetische Farbstoffe, Kunststoffe, Klebstoffe sowie schimmel- und brandhemmende Chemikalien. Auch die Flächenkleber, die zum Verlegen verwendet werden, stecken oft voller toxischer Substanzen. Bei neuen Teppichböden ist vor allem der Geruch unangenehm, aber auch ältere bergen Probleme. Durch die ständige Benutzung können sich kleine Fasern lösen und mitsamt ihrer chemischen Fracht in die Atemluft gelangen. Wer in einer fußkalten Wohnung lebt oder aus anderen Gründen nicht auf Auslegeware verzichten möchte, sollte sich unbedingt für eine schadstoffarme Qualität entscheiden. Einige umweltbewusste Hersteller verarbeiten Naturfasern, die nicht mit Chemikalien ausgerüstet oder gefärbt werden. Dieselben Empfehlungen gelten selbstverständlich auch für Teppiche und für Anti-Rutsch-Unterlagen.

BESSERE ALTERNATIVEN

Gesunde Bodenbeläge sind Fliesen aus keramischem Material oder Naturstein. Sie sind langlebig, lassen sich leicht sauber halten und geben keine gesundheitsschädlichen Substanzen ab.

MASSIVHOLZ

Traditionelles Parkett oder Dielen aus Massivholz werden genagelt oder schwimmend verlegt. Heute werden jedoch vorwiegend Parkettpaneele angeboten, die aus einer Trägerschicht aus Holzwerkstoffplatte und einer dünnen Nutzschicht aus Massivholz bestehen. Der Leim, der die Schichten verbindet, kann Formaldehyd und andere Schadstoffe an die Raumluft abgeben. Laminat ist ebenfalls ein Schichtprodukt, und die Deckschicht besteht auch noch aus Kunststoff. Dementsprechend höher ist das Risiko, sich toxische Substanzen ins Haus zu holen.

KORK

Kork wird als Bodenbelag seltener verwendet als Fliesen oder Parkett, hat aber viele Vorteile. Er ist langlebig, von Natur aus schwer entflammbar und fühlt sich warm unter den Füßen an. Das ist vor allem im Winter sehr angenehm.

FARBEN UND LACKE

Farben und Lacke gehören zu den größten Schadstoffquellen in der Wohnung. Das liegt schon daran, dass sie große Flächen bedecken. Glücklicherweise enthalten moderne Farben kein Blei mehr, aber viele geben noch immer flüchtige organische Verbindungen ab, denen wir uns besser nicht aussetzen sollten. Seit einigen Jahren kommen aber immer mehr ungiftige Farben auf den Markt. Viele stammen von kleinen, unabhängigen Herstellern, aber auch die großen Marken ziehen nach. Noch ist die Farbtonauswahl bei schadstoffarmen Farben etwas geringer, aber das ist ein kleiner Preis für den gesundheitlichen Gewinn, den man durch sie erzielt.

MÖBEL

Auch zur Herstellung von Möbeln werden normalerweise verschiedene Leime und andere Bindemittel verwendet. Schaumstoffe bestehen größtenteils aus Kunststoff, und die meisten Polsterstoffe sind mit Chemikalien imprägniert, die sie schwer entflammbar machen und vor Flecken schützen sollen. Setzen Sie lieber auf Polsterungen aus Wolle oder Biobaumwolle. Polstermöbelgestelle sollten, ebenso wie Schränke und andere Möbel, möglichst aus Massivholz bestehen, ohne Leim verarbeitet und mit einer natürlichen Oberflächenbehandlung versehen sein. Umweltfreundlichkeit kann auch bedeuten, alte oder gar antike Möbel zu kaufen. Sie stammen aus der Zeit vor der Erfindung der Pressspanplatte und wurden mit traditionellen Handwerksmethoden hergestellt.

STAUBSAUGER

Nichts entfernt Staub gründlicher als ein leistungsfähiger Staubsauger. Äußerlich ähneln sich die meisten Modelle, aber sie sind keineswegs gleichwertig. Viele Geräte saugen zwar Schmutz, Staub, Tierhaare und andere Partikel auf, blasen aber gleichzeitig verunreinigte Luft in den Raum. Diese kann Allergien und andere Beschwerden verstärken. Schaffen Sie sich ein Gerät mit einem Schwebstofffilter (HEPA-Filter) an. Er filtert nahezu alle Partikel, die größer als 0,3 µm sind, aus der Abluft. Außerdem sollte das gesamte Saugsystem luftdicht sein, damit wirklich alle Partikel aufgesaugt werden und sicher entsorgt werden können.

BODENREINIGER

1		2		3		4		
C_2H_5OH	+	S	+	ÄÖ	+	H_2O	=	*Reinigt, trocknet schnell & erfrischt*
Alkohol		*Seife*		*Zitrone*		*Wasser*		

ZUTATEN

150 ml Wodka

1 Teelöffel flüssige Olivenölseife

5 Tropfen ätherisches Zitronenöl

320 ml lauwarmes destilliertes Wasser

HERSTELLUNG: 10 Minuten | **HALTBARKEIT:** unbegrenzt | **BEHÄLTER:** Glasflasche mit Zerstäuberaufsatz, 500 ml

Die Zutaten in die Flasche füllen und schütteln.

Auf den Boden sprühen und mit einem Bodenwischer oder einem Lappen wieder aufwischen.

NATÜRLICHE TISCHDEKO

Eine liebevolle Tischdekoration macht jeden Tag Freude – nicht nur, wenn Gäste kommen. Verzichten Sie aber lieber auf Glitzerkram und Einweg-Dekorationsartikel. Bestimmt haben Sie schon brauchbare Utensilien im Haus, die keine toxischen Substanzen enthalten.

FRÜCHTE

Ob vom Wochenmarkt oder aus dem eigenen Garten: Frische Früchte brauchen sich nicht in der Küche zu verstecken. Im Winter sieht eine Schüssel mit Zitrusfrüchten schön aus, im Sommer könnte es Steinobst sein.

ZWEIGE

Ein längerer Zweig oder ein interessantes Stück Treibholz kann als ungewöhnliche Dekoration der Länge nach auf einen rechteckigen Tisch gelegt werden.

SAMMLUNGEN

Wer etwas sammelt, darf es gern zeigen. Das können Muscheln aus dem Urlaub sein, Flaschen in verschiedenen Größen oder vielleicht Heilsteine – Hauptsache, es sind natürliche Produkte ohne Schadstoffe. Arrangieren Sie die Gruppe so, dass die Schönsten oder Wertvollsten ins Auge fallen.

BIENENWACHSKERZEN

Bienenwachskerzen sind schön anzusehen, geben stimmungsvolles, romantisches Licht und beduften den Raum ganz ohne Chemie.

ZIMMERPFLANZEN

Zimmerpflanzen müssen nicht immer auf der Fensterbank stehen. Rücken Sie ein schönes, nicht zu hohes Exemplar auf dem Tisch ins Rampenlicht!

BÜCHER

Wenn schöne Bücher auf dem Tisch liegen, werden Ihre Gäste neugierig und fangen an zu blättern. Versuchen Sie die folgenden Möglichkeiten:

1. Wählen Sie Bücher, deren Titelbilder oder Umschläge farblich zum Geschirr passen.

2. Suchen Sie Bücher aus, die thematisch zum Anlass des Essens passen.

3. Halten Sie einige Bücher mit attraktiven Buchstützen aufrecht, vielleicht aus geschnitztem Holz oder natürlichem Achat.

SCHNITTBLUMEN

Ein schöner Blumenstrauß ist eine Augenweide, aber beim kommerziellen Schnittblumenanbau wird auf die Umwelt viel zu selten Rücksicht genommen. Damit die Blumen makellos wachsen und lange halten, werden sie meist gespritzt, und durch die langen Transportwege kommt es zu hohen Kohlenstoffemissionen. Die Sträuße werden in Plastikfolie verpackt und in Kühlräumen mit hohem Energieverbrauch gelagert, bevor sie beim Blumenhändler eintreffen. All das kann man abmildern.

EINHEIMISCHE BLUMEN

Kaufen Sie vorzugsweise einheimische Blumen, die gerade Saison haben und die ohne Pestizide kultiviert wurden. Bitten Sie ausdrücklich darum, dass der Strauß in Recyclingpapier statt in Folie verpackt wird.

WILDBLUMEN

Unternehmen Sie einen Spaziergang mit Blumenschere und einem kleinen Eimer mit Wasser. Wildblumen sind überall auf Wiesen und an Straßenrändern zu finden. Wichtig ist, dass Sie mit Vernunft schneiden und nicht roden.

TROCKENBLUMEN

Manche Blumen lassen sich hervorragend trocknen, einige bekommen dabei sogar ein ganz anderes Aussehen. Schafgarbe *(Achillea millefolium)*, Federbusch *(Celosia)*, Trommelschlegel *(Craspedia)* und Sternskabiose *(Scabiosa stellata)* halten nach dem Trocknen Form und Farbe jahrelang.

TIPPS FÜR DIE BLUMENBINDEREI

ZUSAMMENSTELLUNG

Ein Strauß sollte aus drei Elementen bestehen: einem Blickfang, Schnittgrün für das Volumen und einem auflockernden Element, beispielsweise Beeren oder Zweige.

GEFÄSS & VORBEREITUNGEN

Die Form der Vase sollte zu den Blumen passen. Sie wird etwa zu drei Vierteln ihrer Höhe mit Wasser gefüllt. Alle Stiele schräg anschneiden, damit sie möglichst viel Wasser aufnehmen. Die unteren Blätter entfernen. Sie dürfen nicht mit dem Wasser in Berührung kommen.

ARRANGIEREN & FRISCH HALTEN

Zuerst das Schnittgrün in die Vase stellen, um dem Strauß Struktur zu geben. Danach folgen die Blickfangblüten und zuletzt die auflockernden Elemente. Damit der Strauß lange hält, sollten Sie das Wasser alle zwei Tage wechseln. Der verwelkte Strauß kann kompostiert werden.

PFLANZEN FÜR WOHN- UND ESSZIMMER

Im Wohn- und Essbereich verbringen wir nicht nur die meisten unserer wachen Stunden, es ist meist auch der größte und hellste Bereich der Wohnung. Diese beiden Eigenschaften wissen auch Zimmerpflanzen zu schätzen. Es gibt viele geeignete Arten, und in einem Platz bietenden Raum können auch Exemplare von respektabler Größe stehen: auf Regalen, auf Möbeln und auf dem Fußboden. Weil man sie jeden Tag sieht, kommt man kaum in Verlegenheit, die Pflege zu vernachlässigen oder gar zu vergessen. Vor allem in geheizten Räumen muss regelmäßig gegossen werden, ab und zu ist etwas Dünger notwendig, und gelegentlich müssen heruntergefallene Blätter zusammengefegt werden.

GOLDFRUCHTPALME *Dypsis lutescens*
Die Palme mit den elegant gefiederten, schwungvoll überhängenden Wedeln macht im Wohnzimmer eine gute Figur, vor allem neben einem Sofa oder einem Lesesessel. Sie ist pflegeleicht und gehört zu den Pflanzen mit besonders guten luftreinigenden Eigenschaften.

Pflege: Die Goldfruchtpalme braucht einen hellen Platz ohne pralle Sonne. Weil sie aus den Tropen stammt, benötigt sie viel Wasser. Das Substrat sollte immer feucht sein, es darf nie ganz austrocknen. Besonders gut entwickelt sie sich in Räumen mit relativ hoher Luftfeuchtigkeit. In trockenem Klima und während der winterlichen Heizungsperiode ist es ratsam, sie regelmäßig mit Wasser einzunebeln.

STAUB WISCHEN
Wischen Sie nicht nur auf den Möbeln Staub, sondern auch auf den Pflanzen. Ein verstaubter Tisch sieht nur hässlich aus, verstaubte Pflanzen jedoch können sogar krank werden. Selbst eine dünne Staubschicht hemmt die Fotosynthese, wodurch die Pflanze an Nahrungsmangel leidet. Wischen Sie verstaubte Blätter regelmäßig mit einem feuchten Tuch ohne Zusätze ab.

MARANTE/PFEILWURZ *Maranta leuconeura*

Diese außergewöhnlichen Pflanzen eignen sich aus zwei Gründen hervorragend für das Wohnzimmer. Erstens sind ihre beinahe grafisch gemusterten Blätter ein attraktiver Blickfang. Zweitens reagiert die Pflanze auf die Lichtverhältnisse im Raum und faltet bei Dunkelheit die Blätter zusammen. Am besten stellen Sie die Marante an einen Platz, an dem sich dieses Phänomen gut beobachten lässt.

Pflege: Die Marante fühlt sich bei indirektem Licht mittlerer Stärke am wohlsten. Sorgen Sie für eine ausreichende Drainage im Topf, denn die Pflanze braucht zwar feuchtes Substrat, verträgt aber keine Nässe. Gegossen wird, kurz bevor sich die Substratoberfläche ganz trocken anfühlt. Wie die Goldfruchtpalme bevorzugt die Marante hohe Luftfeuchtigkeit. Damit die Blätter schön glänzen, sollten sie regelmäßig eingesprüht werden.

GUMMIBAUM *Ficus elastica*

Der Gummibaum ist mit seinen dekorativen Zweigen und den großen Blättern ein Hingucker. Noch interessanter sind die panaschierten Sorten, deren Blätter fast wie handbemalt aussehen. Vielleicht finden Sie sogar eine Sorte mit rosa gefleckten Blättern.

Pflege: Der Gummibaum braucht einen hellen Platz, aber pralle Sonne kann seine Blätter verbrennen. Das Substrat feucht (nicht nass!) halten. Gießen Sie im Sommer einmal wöchentlich, im Winter seltener. Weil er schnell wächst, sollten Sie eine kleine Pflanze kaufen.

Tue 2:15 PM
Search in Document

ARBEITSZIMMER

Arbeitszimmer können ganz unterschiedlich sein, aber die Strategien zur Beseitigung unnötiger Giftstoffe gelten für alle. Viele Informationen in diesem Kapitel (Beleuchtung, elektronische Geräte, Monitore ...) sind auch für Menschen interessant, die kein Homeoffice haben.

DIGITALE WELT

Digitale Endgeräte spielen in unserem Alltagsleben eine immer größere Rolle. Umso wichtiger ist es, einen gesunden Umgang mit ihnen zu finden. Nicht alle Vorschläge in diesem Kapitel sind ganz leicht umzusetzen. Versuchen Sie es im Interesse Ihrer Gesundheit trotzdem.

GUTE ARBEITSBEDINGUNGEN

Ob Sie Ihr häusliches Arbeitszimmer ganztägig für Ihren Beruf nutzen oder dort nur gelegentlich Schreibtischarbeiten erledigen: Toxischen Substanzen sollten Sie sich dort nicht aussetzen.

Veränderungen können Sie spätestens dann vornehmen, wenn etwas ersetzt werden muss. Tauschen Sie Schreibtischutensilien aus Plastik gegen nachhaltigere aus, steigen Sie allmählich auf Solar-Ladegeräte für elektronische Geräte um, kaufen Sie bei der nächsten Nachbestellung schadstoffarme Druckerpatronen oder stellen Sie endlich Grünpflanzen auf.

Der Arbeitsplatz ist ein guter Ort, um auch einmal die eigene Einstellung zu Bildschirmen und elektronischen Geräten zu überdenken. Das ist im umfassenden Detox-Programm eine wichtige Übung! Selbst wenn Sie die Geräte hauptsächlich beruflich nutzen, verbringen Sie wahrscheinlich mehr Zeit mit ihnen, als wenn Ihr Arbeitsplatz sich außer Haus befände. Immer mehr Menschen haben das Gefühl, immer online und erreichbar sein zu müssen, und nicht allen gefällt das. Neben anderen Themen geht es in diesem Kapitel auch um den gesunden, ausgewogenen Umgang mit Medien.

BELEUCHTUNG

Grundsätzlich ist Tageslicht besser als eine künstliche Lichtquelle. Es verbraucht keine von Menschen erzeugte Energie, es kostet nichts und es sorgt dafür, dass unser Biorhythmus, der auch für guten Schlaf verantwortlich ist, in der Spur bleibt. Natürlich ist es nicht immer möglich, ausschließlich bei Tageslicht zu arbeiten. Decken- und Schreibtischleuchten müssen abends, manchmal sogar tagsüber eingeschaltet werden. Auf dieser Seite finden Sie einen Überblick über die Vor- und Nachteile gängiger Beleuchtungslösungen.

KONVENTIONELLE GLÜHLAMPEN

Thomas Edison hat diesen Lampentyp 1879 erfunden. Erst seitdem steht den meisten Haushalten elektrisches Licht zur Verfügung. Diese Leuchten sind preiswert und geben ein warmes Licht, verbrauchen aber viel Energie. Aus diesem Grund hat die EU ein Verbot eingeleitet, das seit 2018 den Verkauf untersagt. Sollten Sie noch alte Leuchtmittel in Benutzung haben, wechseln Sie sie bei nächster Gelegenheit gegen modernere aus.

ENERGIESPARLAMPEN

Energiesparlampen hat ein ähnliches Schicksal ereilt. Wegen des Quecksilbergehalts sind sie ebenfalls seit 2018 quasi verboten. Auch hier gilt: Falls noch vorhanden, möglichst bald austauschen und – wichtig! – als Sondermüll entsorgen.

LED-LAMPEN

Leuchtdioden oder LED (light emitting diodes) sind noch recht neu, aber schon sehr weitverbreitet, weil sie sehr wenig Energie verbrauchen und kaum Hitze abgeben. Quecksilber enthalten sie nicht, dafür aber andere toxische Substanzen wie Arsen und Blei. Kaltweißes LED-Licht hat einen hohen Blauanteil und kann langfristig die Augen schädigen. Achten Sie deshalb darauf, warmweiße LEDs zu kaufen.

DEN BIORHYTHMUS STABIL HALTEN

1. Unternehmen Sie täglich einen Spaziergang, um Tageslicht zu tanken, und richten Sie Ihren Arbeitsplatz möglichst an einem sonnigen Fenster ein.
2. Verbringen Sie möglichst wenig Zeit in Räumen ohne Fenster oder bei künstlicher Beleuchtung.
3. Versuchen Sie, Ihre Einschlaf- und Aufstehzeiten dem Lauf der Jahreszeiten, also dem Sonnenauf- und -untergang, anzupassen. Dämpfen Sie eine Stunde vor dem Schlafengehen das Licht, und verzichten Sie dann möglichst ganz auf die Benutzung von Bildschirmgeräten.

SCHREIBTISCHUTENSILIEN

Ein Arbeitsplatz lässt sich relativ leicht umweltbewusst ausstatten, denn zahlreiche Hersteller haben fragwürdige Materialien bereits durch umweltfreundliche Alternativen ersetzt.

PAPIER UND UMSCHLÄGE

Druckerpapier und Briefumschläge aus Recyclingpapier sind überall für wenig Geld zu bekommen.

BIOLOGISCH ABBAUBARE KUGELSCHREIBER

Billige Kugelschreiber sind oft für den Kurzzeitgebrauch gemacht und bestehen aus Plastik. Es gibt auch Stifte aus Biokunststoff, der nach dem Entfernen der Mine kompostierbar ist.

AKTENORDNER

Ohne Aktenordner geht es nicht. Sie müssen aber nicht aus Plastik sein. Entscheiden Sie sich lieber für Ordner aus stabiler Recyclingpappe.

BLEISTIFTE AUS RECYCLINGPAPIER

Ein Baum liefert genug Holz für etwa 170 000 Bleistifte. Umweltorganisationen in den USA schätzen, dass jährlich fast 2 Milliarden Bleistifte verbraucht werden. Die Anzahl der dafür nötigen Bäume lässt sich leicht berechnen. Eine umweltfreundliche Alternative sind Bleistifte, deren Mantel nicht aus Holz, sondern aus recyceltem Zeitungspapier besteht.

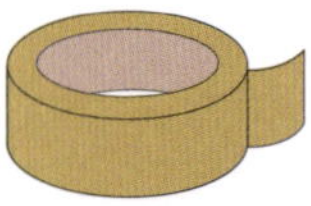

PAKETKLEBEBAND

Statt Klebeband aus Plastik sollten Sie Klebeband aus stabilem Packpapier verwenden, das mit einem pflanzlichen Kleber beschichtet ist. Überlegen Sie auch, ob Sie unbedingt einen Abroller aus Plastik brauchen.

BEHÄLTER FÜR STIFTE

Gängige Schreibtischutensilos bestehen aus Plastik. Keramikbecher und -schalen erfüllen denselben Zweck und sehen viel dekorativer aus.

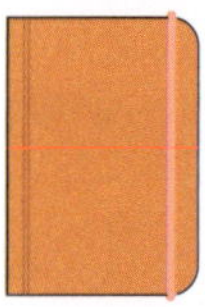

PAPIERKORB

Papierkörbe aus Recyclingpappe sind in vielen Geschäften für Bürobedarf zu bekommen. Achten Sie darauf, dass sie mit Farben auf Sojabasis bedruckt sind. Sie sollten nicht verleimt, sondern mit biologisch abbaubarem Garn zusammengenäht sein.

EMISSIONSARME TONERKARTUSCHEN

Üblicherweise wird Toner aus Schweröl hergestellt und verströmt flüchtige organische Verbindungen. Er schadet uns, wenn wir ihn anfassen, und er schadet der Erde, wenn wir die Kartuschen in den Hausmüll werfen. Für die Herstellung von Toner auf Sojabasis wird weitaus weniger Energie verbraucht, und er erzeugt weniger schädliche Emissionen. Achten Sie auf das DGUV-Test-Prüfzeichen oder den blauen Engel. Leere Kartuschen müssen fachgerecht entsorgt werden.

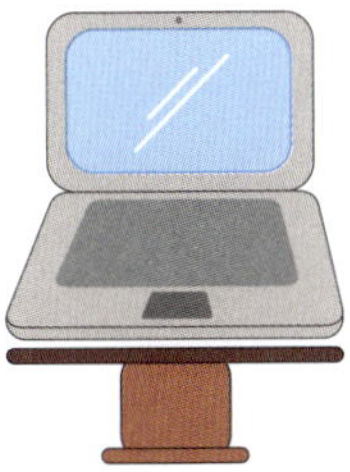

LAPTOPSTÄNDER

Die meisten Laptopständer bestehen bislang aus Plastik. Es gibt aber schon Modelle aus langlebigen, natürlichen Materialien, beispielsweise Holz.

MOUSEPAD

Handelsübliche Mousepads werden oft aus Produkten hergestellt, die bei der Erdölverarbeitung anfallen und darum toxisch sind. Schauen Sie sich lieber nach einem Mousepad aus natürlichem Material wie Kork oder Leder um.

HAFTNOTIZEN

Haftnotizen braucht man immer. Inzwischen gibt es sie auch aus Recyclingpapier und mit pflanzlichem Haftklebstoff.

ELEKTRONISCHE GERÄTE

Überall im Haushalt gibt es heute elektronische Geräte, aber im Arbeitszimmer sind es besonders viele. Kaum jemand kann oder möchte ganz auf sie verzichten. Es lohnt sich aber, darüber nachzudenken, wie man ihre negative Wirkung auf uns Menschen und auf die Umwelt in Grenzen halten kann.

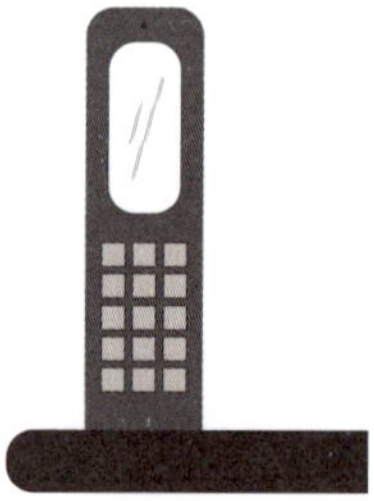

SCHNURLOSES TELEFON

Seit der Erfindung des Smartphones verzichten immer mehr Menschen auf einen Festnetzanschluss. Wer noch einen besitzt, benutzt in der Regel ein schnurloses Telefon, das zur Übermittlung zwischen Basisstation und Handapparat Funkwellen nutzt. Diese Wellen stehen im Verdacht, krebserregend zu sein, darum sollte man sich ihnen nicht zu oft aussetzen. Das lässt sich durch ein traditionelles, stationäres Telefon lösen.

DAS SMARTPHONE INTELLIGENT NUTZEN

Auch Mobiltelefone arbeiten mit Funkwellen. Um die direkte Belastung zu reduzieren, können Sie Kopfhörer oder ein Headset zum Telefonieren benutzen. Schalten Sie das Gerät nachts aus oder nehmen Sie es nicht mit ins Schlafzimmer.

WLAN-NUTZUNG EINSCHRÄNKEN

An immer mehr Orten gibt es WLAN (Wi-Fi), und immer mehr Geräte sind im Netz. Welche Auswirkungen das auf die Gesundheit hat, ist noch nicht genau erforscht. Sicherheitshalber sollten Sie Rechner möglichst per Netzwerkkabel ans Internet anschließen und die Verwendung schnurloser Geräte in Grenzen halten. Schalten Sie den Router ruhig während der Nacht aus.

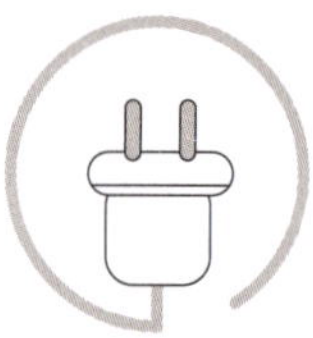

AUSSCHALTEN & VOM NETZ TRENNEN

Um elektromagnetische Felder zu meiden und den Energieverbrauch zu verringern, sollten Sie schnurlose Geräte ausschalten, wenn Sie sie nicht benutzen. Geräte verbrauchen auch im Stand-by-Modus Energie und verursachen so tonnenweise Kohlendioxid – für nichts. Schalten Sie solche Geräte ganz aus. Ist das nicht möglich, trennen Sie sie vom Stromnetz, indem Sie den Stecker ziehen.

RICHTIG RECYCELN

Nicht nur die Benutzung elektronischer Geräte spielt eine Rolle, sondern auch ihre Entsorgung. Die steigende Zahl der Geräte lässt den Müllberg wachsen. Weil solche Geräte schädliche Stoffe wie Quecksilber, Cadmium, Indium und Blei enthalten, darf man sie nicht einfach in die Hausmülltonne werfen. Elektronik ist Sondermüll und muss an den entsprechenden Annahmestellen der Gemeinden oder im Handel abgegeben werden. Es gibt auch Firmen und gemeinnützige Organisationen, die alte Mobiltelefone annehmen.

VERSUCHUNGEN WIDERSTEHEN

Kaum hat man sich an ein neues elektronisches Gerät gewöhnt, kommt auch schon sein Nachfolgemodell auf den Markt. Der Technologiemarkt ist sehr schnelllebig, ständig gibt es Neuerungen, aber niemand ist gezwungen, um jeden Preis mit diesem Rhythmus Schritt zu halten. Je länger Sie funktionierende Geräte benutzen, desto mehr tragen Sie zur Vermeidung von Elektronikschrott bei.

GEBRAUCHT KAUFEN

Manche Händler kaufen gebrauchte Geräte an und bieten sie nach einer technischen Generalüberholung zu einem recht günstigen Preis an. Wenn mehr Kunden diese Möglichkeit nutzen würden, könnten sie den Produktionsrhythmus der Industrie verlangsamen. Gebrauchte, noch funktionierende Geräte können Sie auch an jemanden weitergeben, der nicht unbedingt das Allerneueste braucht.

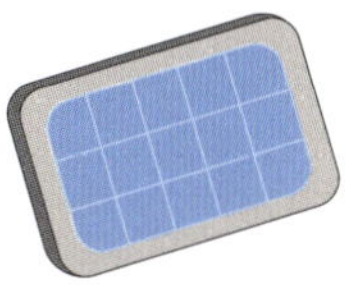

SOLAR-LADEGERÄT

Mit einem Solar-Ladegerät für Mobiltelefone und andere kleine Geräte lässt sich eine Menge Netzstrom sparen. Solche Ladegeräte sind auch praktisch auf Reisen (vor allem in sonnige Länder), weil sie ohne Netzadapter auskommen.

BILDSCHIRMREINIGER

CH_3COOH [1] Essig + H_2O [2] Wasser = *Beseitigt Schmutz und Fingerabdrücke*

ZUTATEN

30 ml farbloser Branntweinessig

30 ml destilliertes Wasser

HERSTELLUNG: 5 Minuten | **HALTBARKEIT:** unbegrenzt
BEHÄLTER: Glasflasche, 60 ml, mit Zerstäuberaufsatz

Die Zutaten in der Flasche mischen. Schütteln, auf ein Tuch sprühen und den Bildschirm abwischen. Nicht direkt auf den Bildschirm sprühen!

DIGITALES DETOX

Dass elektronische Geräte für die körperliche Gesundheit nachteilig sein können, steht außer Frage. Aber sie können auch die geistige und seelische Gesundheit in Mitleidenschaft ziehen. Die Technologie hat unser Leben fest im Griff. Ständig werden wir mit Informationen und Kurznachrichten bombardiert, und das Gefühl, jederzeit und überall erreichbar zu sein, ist nicht nur angenehm. Wie oft schauen wir nur aus Gewohnheit auf das Smartphone oder scrollen durch unsere Nachrichten, ohne uns dessen wirklich bewusst zu sein? Die digitale Identität, die wir uns in sozialen Netzwerken schaffen, kann sogar Ängste auslösen, denn wir vergleichen uns ständig mit anderen, und abstrakte Ereignisse wie »Likes« können bewirken, dass beachtliche Mengen Dopamin ausgeschüttet werden.

BEWUSST ABSCHALTEN

Auf den nächsten Seiten lernen Sie einige Möglichkeiten kennen, sich dieser permanenten Erreichbarkeit zu entziehen. Natürlich bleibt es Ihnen überlassen, ob Sie solch ein digitales Detox-Programm streng oder eher locker angehen. Einigen Menschen verursacht allein die Vorstellung Panik, für einen vorher festgelegten Zeitraum komplett auf digitale Medien verzichten zu müssen. Versuchen Sie, so eine Maßnahme als Chance zu betrachten, etwa um sich mal wieder persönlich mit Freunden zu treffen, an die frische Luft zu gehen oder einfach zu entschleunigen. Wenn Sie es als Urlaub von der Technik betrachten, können Sie sich vielleicht sogar darauf freuen wie auf einen richtigen Urlaub. Im Alltag sollten Sie dann neue Gewohnheiten im Umgang mit den digitalen Medien einüben, damit sie vom Informationsüberfluss und der damit einhergehenden Ermüdung nicht erfasst werden. Praktische Tipps und Strategien finden Sie auf den nächsten Seiten.

why Mr. Complainer had abandoned us: He'd finally moved on to a
more efficient shop. "You want a store filled with cops and complain-
ers," he said morosely. "Now we've lost Mr. Complainer. Who's next?"
"He wouldn't go somewhere else," I said, somehow knowing it was
true. Then I remembered the blonde he'd been with the last time, and I
wondered if he was embarrassed. Had he caught Sal's look of disap-
pointment? I hoped not; Sundays seemed longer without him.
New Year's Eve was always the busiest day of the year, and when we
closed the door at seven, customers were still trying to push in, des-
perate for one last item that would make their party perfect. Sal was
such an easy touch, until Rosalie finally put her foot down.
"This is our night," she said, firmly locking the door. "We've got
resolutions to make! Coming, Theresa?" She herded us all up the stairs.
Sal and Rosalie were the only people I'd met in New York who oc-
cupied a real house. The shop was on the ground floor, the bedrooms
on the top, but in between was one enormous room. Part kitchen, part
living room, part dining room, it was filled with sisters, aunts, grand-
children, and cousins, all talking, gesticulating, kissing. More people
kept arriving, trying to find room on the long table to set yet another
platter.
Sal tipped his wineglass toward the table. "We do the traditional
seven fishes on New Year's instead of Christmas." He handed me a glass
of wine. "What does your family do for New Year's Eve?"
"Nothing much." Dad, Aunt Melba, and I always tried to stay up to
watch the ball drop in Times Square, but I don't remember ever making
it. Genie always had a date.
Sal frowned. "But what about the resolutions?" He took me around
the room, introducing me to a bewildering number of relatives until
his daughter, Toni, came to my rescue.
"Dad! Stop! Billie doesn't need to know how every one of these peo-
ple is related to us." Grabbing my hand, she pulled me to a sofa. "You
think this is bad?" She sat down next to me. "Imagine what it was like
when I brought boyfriends home. I married the only date I ever had
who could talk my father to a standstill."
I nodded, which was all she expected from me; in this maelstrom o
words, silence was acceptable, and I was content to watch and listen
Sal clinked a spoon against a glass, and Toni pulled me to the table an
sat down next to me. When Sal sat on my other side, my night was made
sitting between them, I felt anchored, safe.
Rosalie stayed on her feet, setting down platter after platter of food
The meal began with pickled squid, oyster shooters, marinated ancho-
vies, and scungilli salad. Then Rosalie set an enormous bowl of pasta
con le vongole in front of Sal, who ladled it out, talking the entire time.
The pasta was followed by huge platters of scampi, which we passed
around. It was almost eleven when Rosalie set three enormous stuffed
turbots on the table, and it was near midnight when she appeared with
a plate of warm sugar-dusted sfinge.
"So our first taste of the New Year will be sweet," Sal whispered in
my ear. He grabbed my left hand and Toni grabbed my right, and we
were linked around the table, joined together, all of us, facing whatever
the coming year might bring. Sal leaned over to whisper, "Italian fami-
lies always welcome the New Year like this." He gave my hand a squeeze
and shouted, "Ten!"
I thought about Richard and wondered if he was with his family,
holding hands and counting down the seconds to the future. Sal
shouted, "Nine!," and I joined in, shouting, "Eight! Seven! Six!" along
with them.
As the seconds ticked away, I looked around the table. It was com-
forting to think of them sitting here, year in, year out, playing out this
ritual. I thought again of Richard. Was he with his grandmother, the
one who was still so bitter about the war? There was another thought,
right behind that, nagging at me.
"Five!" we shouted. "Four!"
If Richard's nonna was alive, then why not Lulu?
"Three!"
How old would she be? I began to do the calculations. She was twelve
in 1942 . . .
"Two!"

BEWUSSTE TECHNOLOGIEPAUSE

DIE DAUER FESTLEGEN

Wenn Sie permanent online sind, fangen Sie mit einer Pause von wenigen Stunden an. Versuchen Sie es dann mit einem Tag. Um die positive Wirkung einer digitalen Pause wirklich zu spüren, lassen Sie sich auf ein ganzes Wochenende ein. Steigern Sie sich aber langsam, damit Sie sich nicht überfordern.

MITSTREITER FINDEN

Oft ist es einfacher, eine andere Person zu unterstützen als selbst ein Ziel anzusteuern. Tun Sie sich für das digitale Detox-Programm mit einem Freund oder einer Freundin zusammen, vielleicht auch mit dem Partner oder der Mitbewohnerin. So können sie sich gegenseitig unterstützen oder ablenken. Allein ist man den verlockenden Stimmen des Internets viel stärker ausgeliefert, und diese Stimmen können die besten Vorsätze sabotieren.

FREUNDE & KOLLEGEN WARNEN

Heutzutage ist jeder fast rund um die Uhr erreichbar. Der Druck, auf E-Mails und Kurznachrichten sofort antworten zu müssen, kann Stress verursachen. Informieren Sie Freunde, Verwandte oder Kollegen, mit denen Sie häufig in Kontakt stehen, dass Sie eine Zeit lang über keinen digitalen Kanal erreichbar sein werden. Dadurch vermeiden Sie auch, dass andere sich Sorgen machen. Und der zwischenmenschlichen Kommunikation kann ein bisschen Geduld ganz sicher nicht schaden.

RAUS!

Es kann vorkommen, dass Sie in einer digitalen Pause zunächst gar nichts mit sich anfangen können. Statt auf dem Sofa zu sitzen und Ihren Instagram-Account auf den neuesten Stand zu bringen, stehen Sie lieber auf. Gehen Sie hinaus in die wirkliche Welt, in der Tiere herumlaufen, Blumen duften, die Sonne warm auf die Haut scheint oder ein frischer Wind durch die Haare fährt. Machen Sie einen Ausflug oder spazieren Sie einfach durch Ihr Wohnviertel.

EIN ECHTES BUCH LESEN

E-Book-Reader sind praktisch, weil man mit ihnen Tausende von Büchern im Zugriff hat. Wenn man sich aber mit einem richtigen Buch hinsetzt und die Seiten umblättert, nimmt man das Gelesene intensiver auf als mit einem digitalen Gerät.

FREUNDE TREFFEN

Nutzen Sie die digitale Pause, um sich persönlich mit Freunden zu treffen. Auch Online-Freunde in aller Welt haben ihren Wert, aber man kann sie nicht in den Arm nehmen und keinen Blickkontakt mit ihnen halten. Treffen Sie sich auf einen Kaffee oder laden Sie Freunde zum Essen ein. Einzige Spielregel: Alle Smartphones bleiben draußen oder wenigstens aus.

NEUE GEWOHNHEITEN EINÜBEN

PUSH-NACHRICHTEN DEAKTIVIEREN

Müssen Sie es wirklich immer sofort wissen, wenn jemand ihre Posts auf Facebook kommentiert, wenn Ihr Lieblingsstar etwas twittert oder wenn Sie eine E-Mail bekommen? Wahrscheinlich nicht. Immerzu hereintröpfelnde Push-Nachrichten reißen Sie aus jeder anderen Tätigkeit heraus, sonst nichts. Wenn Sie sie abschalten, reduziert sich Ihre Online-Zeit von selbst.

ZEITLIMIT FÜR SOZIALE NETZWERKE

Sie nehmen das Smartphone zur Hand, um eine SMS zu lesen. Eine Stunde später heben Sie den Kopf, nachdem Sie zahllose Posts überflogen und Bilder zwar angeschaut haben, ohne sie richtig wahrzunehmen. Kennen Sie das? Wenn Sie das nächste Mal ein soziales Netzwerk öffnen, legen Sie vorher ein Zeitlimit fest. Dadurch wird Ihnen bewusst, wie viele Stunden Sie tatsächlich dort »verdaddeln«; dabei drängt sich fast von selbst die Frage auf, ob das eine sinnvolle, gewinnbringende Zeitbeschäftigung ist.

IMMER WIEDER PAUSEN EINLEGEN

Wenn Sie eine mehrtägige digitale Pause eingelegt und als angenehm empfunden haben, werden Sie auch in Zukunft keine Schwierigkeiten haben, das Smartphone für einen Abend auszuschalten oder einige Tage ganz auf digitale Technologien zu verzichten. Durch solche Pausen machen Sie sich regelmäßig bewusst, dass es gar nicht so wichtig ist, immer und überall erreichbar zu sein.

SOZIALE NETZWERKE MIT BEDACHT WÄHLEN

Wenn Sie Accounts in mehreren sozialen Netzwerken haben, achten Sie bei der Nutzung einmal darauf, was Sie stört. Niemand zwingt Sie, Personen zu folgen, deren Beiträge Ihnen nicht oder nur manchmal gefallen. Sortieren Sie gnadenlos aus, und abonnieren Sie nur, was Ihnen wirklich Freude macht und Ihrem Selbstvertrauen nicht schadet.

EINEN WECKER KAUFEN

Viele Menschen benutzen Ihr Smartphone als Wecker. Das führt mitunter dazu, dass sie noch vor dem Aufstehen ihre E-Mails kontrollieren oder schauen, was es auf Twitter Neues gibt. Mit einem altmodischen Wecker fallen solche Versuchungen weg, und Sie gewöhnen sich gesündere Morgenroutinen an.

EINE STUNDE VOR DEM SCHLAFENGEHEN: BILDSCHIRM AUS!

Das bläuliche Licht von Fernseher und anderen Bildschirmen suggeriert dem Gehirn, dass heller Tag ist. Das Gehirn schüttet weniger Melatonin aus, und das Einschlafen wird schwieriger. Wenn Sie eine Stunde vor dem Schlafengehen alle Bildschirme ausschalten, hat ihr Körper noch Zeit, sich auf den Nachtmodus einzustellen. Das wirkt sich ausgesprochen positiv auf die Schlafqualität aus.

PFLANZEN FÜR DAS ARBEITSZIMMER

Pflanzen im Arbeitszimmer sind nicht nur gut für das Klima, sondern auch für Geist und Seele. Wer täglich am Schreibtisch sitzt, schaut wahrscheinlich die meiste Zeit auf den Bildschirm. Und selbst wenn der Computer nicht Ihr Hauptarbeitsplatz ist, macht ein bisschen Grün den Büroalltag freundlicher. Je nach Größe des Raums könnten Sie eine große Pflanze auf den Boden stellen oder eine kleine auf den Schreibtisch. Die hier empfohlenen Pflanzen sind pflegeleicht und brauchen nicht sonderlich viel Tageslicht. Das ist wichtig, denn das Arbeitszimmer ist selten der hellste Raum der Wohnung. Wofür Sie sich auch immer entscheiden: Pflanzen verbessern die Luftqualität und machen den Raum freundlicher.

EINE GRÜNE PAUSE EINLEGEN

Wenn die Augen von der Bildschirmarbeit müde werden, sollten Sie eine Pause einlegen. Am besten stehen Sie auf und bewegen sich ein bisschen. Das ist eine gute Gelegenheit, sich um die Pflanzen zu kümmern und dabei auch für einen Moment ganz bewusst in Kontakt zur Natur zu treten. Tragen Sie die Pflanzenpflege ruhig als festen Termin in Ihrem Kalender ein, quasi als Wellness-Meeting mit den grünen Kollegen, damit Sie sie nicht vergessen. Stehen Sie auf, strecken Sie sich ausgiebig, gießen oder besprühen Sie die Pflanzen, zupfen Sie verwelkte Blätter ab oder wischen Sie mit einem feuchten Tuch den Staub von den Blättern. Nehmen Sie sich Zeit für dieses kleine Ritual, das Ihnen und Ihren Pflanzen guttut.

DRACHENBAUM *Dracaena sp.*

Der Drachenbaum trägt auf schlanken Stämmen Schöpfe aus langen, spitzen Blättern. Er kann in der Wohnung bis 1,80 Meter hoch werden, also so groß wie ein kleiner Baum. Weil sein Wuchs insgesamt schlank ist, eignet er sich trotzdem auch für kleine Räume. Er ist außerordentlich robust und sogar mit schwachem Licht zufrieden. Der Drachenbaum filtert Schadstoffe aus der Luft, vor allem Benzol, Formaldehyd, Xylol und Toluol.

Pflege: Der Drachenbaum mag es schattig (direkte Sonne verbrennt seine Blätter). Bei Wassermangel bildet er kaum neue Blätter. Das Substrat feucht halten, aber nicht durchnässen. Im Winter weniger gießen. Die Stämme sind stabil und kommen ohne Stützen aus.

Achtung: Die Blätter sind für Haustiere giftig.

PHILODENDRON / BAUMFREUND *Philodendron hederaceum*
Diese wuchsfreudige Pflanze mit herzförmigen Blättern ist anspruchslos. Ihre Triebe können beachtliche Längen erreichen, die man dekorativ von einem höheren Regal herabhängen lassen kann. Es ist aber auch möglich, sie zu kürzen.

Pflege: Der Philodendron ist unkompliziert, gedeiht aber am besten bei mäßigem indirektem Licht. Wichtig ist eine gute Drainage. Gegossen wird erst, wenn sich die Substratoberfläche trocken anfühlt. Falls die Blätter einmal schlaff aussehen, erholen sie sich nach dem Gießen meist schnell wieder.
Achtung: Haustiere sollten nicht an den Blättern knabbern, denn sie sind giftig.

ZWERGPFEFFER *Peperomia obtusifolia*
Diese Pflanze mit rundlichen, glänzenden Blättern wächst kompakt und könnte im Arbeitszimmer gut auf einem Regal stehen. Sie ist sehr robust und kommt mit unterschiedlichen Lichtverhältnissen zurecht. Bei schwächerem Licht bleiben die Pflanzen gedrungen, was aber in einem kleinen Arbeitszimmer sogar von Vorteil sein kann.

Pflege: Am besten gedeiht Zwergpfeffer bei mäßigem, indirektem Licht. Er verträgt aber auch einen helleren oder schattigeren Platz. Gelegentlichen Wassermangel überlebt er, wirft aber manchmal Blätter ab. Zu viel Feuchtigkeit mag er hingegen gar nicht, weil die Wurzeln dann leicht faulen. Es genügt, ihn alle 10–15 Tage zu gießen.

HAUSWIRT-SCHAFTSRAUM

Auch dort, wo wir die Wäsche waschen, haben toxische Substanzen nichts zu suchen.

CHEMISCHE REINIGUNG? NEIN DANKE

Geben Sie Kleidung nur in die Reinigung, wenn es sich gar nicht vermeiden lässt, denn dort wird sie mit bedenklichen Chemikalien »gewaschen«. Das ist für die Gesundheit ebenso schädlich wie für die Umwelt.

SANFT UND UMWELTBEWUSST WASCHEN

Wenn zur Familie Babys, Kinder oder Jugendliche gehören, kann man den Eindruck gewinnen, dass die Wäschepflege ein Vollzeitjob ist, denn neben Kleidung müssen außerdem Handtücher, Bettwäsche und mehr gewaschen werden. Die Arbeit geht zwar nicht schneller von der Hand, wenn man dabei auf toxische Substanzen verzichtet, aber es ist doch sinnvoll, dafür zu sorgen, dass Ihre Familie und Sie selbst möglichst wenigen Stoffen ausgesetzt sind, die Haut und Augen reizen können, die nicht biologisch abbaubar sind, ins Abwasser und schließlich in die Meere gelangen.

Nachdem Sie Zeit und Geld investiert haben, um schadstoffbelastete synthetische Textilien aus Kleider- und Wäscheschrank gegen gesündere Naturfasern auszutauschen, ist es nur konsequent, an die Wäschepflege mit demselben Anspruch heranzugehen. Außerdem fallen Hausarbeiten oft leichter, wenn man sie als sinnvoll empfindet. So kann es geradezu ein Ritual werden, die Textilien, mit denen wir täglich Berührung haben (etwa die Bettwäsche, in der wir die ganze Nacht schlafen), bewusst mit Sorgfalt zu behandeln und mit schadstofffreien, hautfreundlichen Produkten zu waschen. Letztlich sorgen Sie so dafür, dass sich alle Familienmitglieder rundherum wohlfühlen.

TIPPS FÜR DIE GIFTFREIE WÄSCHE

KALT WASCHEN

Eine Waschmaschine verbraucht den Großteil der Energie zum Aufheizen des kalten Leitungswassers. Sie können eine Menge Energie sparen und Ihre persönliche Kohlendioxidbilanz verbessern, indem Sie so oft wie möglich kalt waschen. Das ist besser für die Umwelt, aber auch für Ihre Kleidung, weil sie nicht einläuft, nicht so schnell ausbleicht und insgesamt weniger strapaziert wird.

AUF DER LEINE TROCKNEN

Auch der elektrische Wäschetrockner ist ein Energiefresser. Hängen Sie die Wäsche lieber auf die Leine, und befestigen Sie die Teile möglichst mit Wäscheklammern aus Holz. Die Sonne lässt weiße Wäsche strahlen, und der Wind vertreibt unangenehme Gerüche. Am besten hängen Sie die Wäschestücke kopfüber auf, damit sie sich nicht so leicht verziehen. Textilien in intensiven Farben sollten Sie morgens oder am späten Nachmittag aufhängen, damit die Sonne die Farben nicht ausbleicht. Zweifellos geht es schneller, einfach die ganze Wäsche in den Trockner zu stecken. Betrachten Sie das Aufhängen der Wäsche doch als Gelegenheit, einen Moment an der frischen Luft zu verbringen. Vielleicht können Sie die Arbeit dann sogar genießen.

Tipp: Im Freien getrocknete Wäsche kann sich manchmal etwas rau anfühlen. Das lässt sich mit einem selbst gemachten Weichspüler vermeiden.

WAS STECKT IN WASCHMITTELN?

Diese Frage ist nicht so leicht zu beantworten, weil die Hersteller nicht verpflichtet sind, alle Inhaltsstoffe auf der Verpackung anzugeben. Einige bieten immerhin die Möglichkeit an, sich auf ihrer Internetseite zu informieren. Leider enthalten viele der handelsüblichen Waschmittel Substanzen, die für unsere Gesundheit und für die Umwelt schädlich sind. Beim Einkauf sollten Sie Waschmittel bevorzugen, die weder Sulfate noch synthetische Duft- oder Farbstoffe enthalten.

Tipp: Verwenden Sie statt Waschmittel Waschnüsse. Dabei handelt es sich um die Früchte eines Baums mit dem botanischen Namen *Sapindus saponaria*, der zur Familie der Seifenbaumgewächse gehört, ebenso wie die Litschi. Die Früchte enthalten Saponine, die bei der Wäsche aktiviert werden und wie Seife wirken. Waschnüsse sind nachhaltig, denn der Baum trägt etwa 80 Jahre lang Früchte. Sie sind vollständig biologisch abbaubar und enthalten keinerlei chemische Zusatzstoffe. Leider können sie stark kalkhaltiges Wasser nicht weich machen und mangels Bleichmittel neigt helle Wäsche zum Vergrauen.

DIESE 5 INHALTSSTOFFE SOLLTEN SIE MEIDEN

Natriumlaurylsulfat ist eine waschaktive Substanz, die Proteine zerstört. Sie ist hautreizend.
1,4-Dioxan ist ein Lösungsmittel und gilt als krebserregend.
Duftstoffe, vor allem Phthalate, sind chemische Verbindungen, die Gesundheitsbeschwerden (z. B. Asthma oder Brustkrebs) verursachen können.
Phosphate dienen dazu, die Reinigungswirkung in hartem Wasser zu verstärken. Ihre umweltschädliche Wirkung ist hinlänglich bekannt: Überdüngung und schließlich das Umkippen von Gewässern. Darum verzichten zum Glück schon zahlreiche Hersteller auf den Zusatz von Phosphaten.

AUF HANDELSÜBLICHE FLECKENTFERNER & WEICHSPÜLER VERZICHTEN

Diese Produkte versprechen, unsere Wäsche weich und sauber zu waschen, stecken aber voller Chemikalien, die Reizungen verursachen können. Die meisten hinterlassen außerdem Rückstände auf den Textilien, die bei der nächsten Wäsche ins Abwasser gelangen.

DREI NATÜRLICHE FLECKENMITTEL

Wasserstoffperoxid beseitigt Flecken organischen Ursprungs (etwa Blut, Kaffee und andere Lebensmittel). Flecken damit einreiben, bevor sie eingetrocknet sind. Nicht auf dunklen Stoffen verwenden.
Zitronensaft beseitigt gelbliche Flecken in weißen Stoffen, z. B. unter den Armen.
Farbloser Branntweinessig beseitigt ebenfalls gelbliche Flecken, aber auch Flecken von Tomatensauce.

BITTE KEINE TROCKNERTÜCHER

Produkte für den einmaligen Gebrauch lassen den Müllberg wachsen. Trocknertücher bestehen aus Polyester, sind also weder recycel- noch biologisch abbaubar. Sie sind mit Duftstoffen und Weichmachern ausgerüstet, die Rückstände in der Wäsche hinterlassen. Mit der Abluft des Trockners gelangen solche Chemikalien in die Atemluft. Wer auf die Tücher gar nicht verzichten möchte, sollte ein umweltfreundliches Produkt aus Papier verwenden.

Tipp: Statische Aufladung lässt sich auch ohne Trocknertücher vermeiden. Einfach mehrere Sicherheitsnadeln in ein Stoffsäckchen stecken und mit der Wäsche in den Trockner geben.

TROCKNERKUGELN AUS WOLLE

Trocknerkugeln verkürzen die Laufzeit im Wäschetrockner und sind eine hervorragende Alternative zu Einweg-Trocknertüchern. Sie sind umweltfreundlich, langlebig und ganz einfach herzustellen. Lesen Sie hier, was sie können.

DIE TROCKNUNG BESCHLEUNIGEN

Trocknerkugeln verbessern die Luftzirkulation in der Trommel. Weil die Wäsche schneller trocknet, wird weniger Energie verbraucht.

ELEKTROSTATISCHE AUFLADUNG VERRINGERN

Im Gegensatz zu Trocknertüchern, die Weichmacher an die Textilien abgeben, verringern die Kugeln, dass die Wäsche in der Trocknertrommel zu stark aneinanderreibt. Dadurch wird elektrostatische Aufladung verringert.

TEXTILIEN WEICH MACHEN

Trocknerkugeln üben eine mechanische Wirkung auf die Wäsche aus und machen sie dadurch weich und flauschig, ganz ohne Chemie.

KOSTEN SENKEN

Trocknerkugeln kosten nur so viel wie die Wolle, aus der sie hergestellt werden, und sie halten lange. Dadurch sind sie kostengünstiger als Einweg-Trocknertücher.

TROCKNERKUGELN SELBST MACHEN

HERSTELLUNG: mehrere Stunden | **HALTBARKEIT:** unbegrenzt
BEHÄLTER: Dose oder Schachtel

MATERIAL:
Garn aus reiner Wolle
Häkelnadel
alte Feinstrumpfhose
Schnur
Schere

1. Zuerst die Wolle sechs- bis siebenmal um die Finger wickeln.

2. Die Wolle von den Fingern nehmen und in der Mitte sechs- bis siebenmal umwickeln.

3. Dieses Miniknäuel weiter relativ fest in wechselnder Richtung umwickeln, bis ein kugelrundes Knäuel von der Größe eines Tennisballs entstanden ist.

4. Den Faden abschneiden und das Ende mit einer Häkelnadel unter mehreren gewickelten Lagen durchziehen, um es zu fixieren. Weitere vier bis sechs Kugeln ebenso wickeln.

5. Von einer alten Nylonstrumpfhose ein Bein abschneiden. Eine Kugel hineinstecken und bis in den Fuß schieben. Das Strumpfhosenbein direkt darüber mit der Schnur abbinden, sodass die Kugel nicht verrutschen kann. Die übrigen Kugeln ebenfalls in das Bein stecken und über jeder abbinden.

6. Das gefüllte Bein mit einer Maschinenladung Wäsche bei 50 °C waschen.

7. Anschließend das gefüllte Bein im Trockner auf höchster Stufe trocknen. Danach sollen die Kugeln so stark verfilzt sein, dass die einzelnen gewickelten Fäden nicht mehr zu erkennen sind. Ist das nicht der Fall, wiederholen Sie den Wasch- und Trockenvorgang.

8. Vor der Verwendung im Trockner auf jede Kugel 2–3 Tropfen ätherisches Öl (Lavendel oder nach eigenen Vorlieben) träufeln. Vier bis sechs Kugeln mit der feuchten Wäsche in den Trockner geben. Das ätherische Öl verfliegt, muss also vor jeder Verwendung erneuert werden.

WEICHSPÜLER

1		2		3		
CH_3COOH	+	$NaHCO_3$	+	ÄÖ	=	*Macht Wäsche weich & frisch*
Essig		*Natron*		*Lavendel*		

ZUTATEN

700 ml farbloser Branntweinessig

100 g Natron

15 Tropfen ätherisches Lavendelöl

HERSTELLUNG: 5 Minuten | **HALTBARKEIT:** 3 Monate | **BEHÄLTER:** Glas, ca. 1 Liter, mit Deckel oder Flasche

Den Essig in eine Schüssel gießen. Ätherisches Öl und Natron einrühren.
Wenn die Mischung zu schäumen aufhört, in das Glas füllen.
Pro Waschmaschinenladung werden 60–120 ml des Weichspülers benötigt.

REGISTER

Kursiv gedruckte Einträge verweisen auf Rezepturen

Dank

Es kommt mir so vor, als hätte ich unbewusst an diesem Buch gearbeitet, seit ich erwachsen bin. Tausend Dank an Catie Ziller, die mir die Chance bot, alles zu Papier zu bringen. Ich danke meiner Lektorin Kathy Steer für ihre Geduld und ihre Sorgfalt im Detail. Danke an Michelle Tilly für ihren professionellen Blick und ihre gelungenen Illustrationen. Wie immer danke ich Julia Stotz, die selbst simple Flaschen und Einmachgläser attraktiv aussehen lassen kann, und Sam Margherita für die Beschaffung der Requisiten und das Styling. Ihr seid in jeder Hinsicht ein Dream-Team.

Besonders danke ich Danae Horst, die ihr umfangreiches Wissen über Zimmerpflanzen mit mir geteilt und mich mit ihrer Begeisterung angesteckt hat. Ihr Geschäft *Folia Collective* in Los Angeles ist ein grünes Paradies, das ich oft und gern besuche, um neue Pflanzen zu kaufen.

Die Rezepturen in diesem Buch hätte ich niemals ohne die Unterstützung meiner Eltern Pete und Jan Butterworth und meiner zukünftigen Schwiegereltern Yolanda und Romualdo Avila,
den zauberhaftesten Großeltern der Welt, erproben können. Ein besonderer Dank geht an meinen Lebenspartner Manuel, der mir immer zur Seite steht, und an unseren kleinen Rou, seit dessen Geburt es mir noch wichtiger ist, schädliche Stoffe aus unserem Leben zu verbannen.

DK | Penguin Random House

Für die französische Ausgabe:
Autorin Lisa Butterworth
Projektleitung Catie Ziller
Projektbetreuung Kathy Steer
Fotos Julia Stotz
Gestaltung und Satz Michelle Tilly

Für die deutsche Ausgabe:
Programmleitung Monika Schlitzer
Redaktionsleitung Anne Heinel
Projektbetreuung Doreen Wolff
Herstellungsleitung Dorothee Whittaker
Herstellungskoordination Ksenia Lebedeva
Herstellung Evely Xie

Übersetzung Wiebke Krabbe, Damlos
Lektorat Lesezeichen Verlagsdienste, Köln

Titel der französischen Originalausgabe:
Rendre sa maison saine et détox. Un guide écoresponsable pièce par pièce.

Der Originaltitel erschien 2019 in Frankreich bei Hachette Livre, Marabout, Vanves Cedex

ISBN 978-3-8310-4005-6

Druck und Bindung Toppan Leefung, China

FSC www.fsc.org MIX Papier aus verantwortungsvollen Quellen FSC® C104723

www.dk-verlag.de